AF410918

VERBES IRRÉGULIERS ANGLAIS

ENSEIGNÉS PAR LA PRATIQUE

dans une série de

DIALOGUES

COURTS ET FACILES

ACCOMPAGNÉS DE NOTES ET D'UNE CLASSIFICATION NOUVELLE

PAR

M. ADDISON

AGRÉGÉ POUR LES LANGUES ÉTRANGÈRES

Professeur d'Anglais au Lycée impérial de Bordeaux.

BORDEAUX

P. CHAUMAS, LIBRAIRE-ÉDITEUR

Fossés du Chapeau-Rouge, 34.

—

1858

PRÉFACE

. . . . Si quid novisti rectius istis
Candidus imperti ; si non, his utere mecum.

En comparant le peu de temps accordé à l'enseignement des langues vivantes dans les lycées, avec les exigences des programmes universitaires, les professeurs chargés de cet enseignement ont dû songer aux moyens de donner à leurs élèves, dès la première année (la Troisième), toutes les connaissances grammaticales possibles, afin de pouvoir, dans les classes plus élevées, faire une part plus large aux compositions et à l'étude littéraire de la langue.

Des différentes parties de la grammaire anglaise, aucune n'est plus importante, pour les étrangers, que l'étude des verbes irréguliers, dont la connaissance est d'une nécessité absolue. Elle est indispensable pour quiconque veut même lire une page d'anglais sans être obligé de recourir sans cesse à la grammaire. Néanmoins, on a remarqué que les élèves arrivent souvent dans les hautes classes avec une connaissance très-imparfaite de ces verbes, et que, sous ce rapport, ils trahissent quelquefois une grande ignorance devant les examinateurs chargés de constater leur degré d'instruction dans une des langues vivantes.

Il n'y a cependant en anglais que 180 verbes irréguliers environ; mais ils sont d'un usage si fréquent, ils reviennent sous tant de formes, qu'on peut les compter pour la moitié dans le nombre total des verbes qui se présentent dans une page d'impression ou dans la conversation.

Ce sont ces considérations qui ont donné à l'auteur l'idée de réunir en un petit nombre de dialogues très-faciles tous les verbes irréguliers de la langue et leurs différentes formes, et de les donner en leçons aux élèves de la classe de Troisième. Les dialogues fournissent trente-une leçons très-courtes, ce qui permettra aux élèves de cette classe de les apprendre tous dans leur année.

L'usage des dialogues, recommandé par MM. les Inspecteurs de l'Université, étant assez général et d'une utilité incontestable, nous avons pensé qu'il serait possible, tout en leur faisant apprendre une certaine quantité de mots usuels, de leur rendre familiers, *sans surcroît de travail*, les verbes qu'il leur importe tant de connaître, et ce n'est qu'après en avoir obtenu de bons résultats en manuscrit, que l'auteur s'est décidé à livrer son opuscule à l'impression.

Persuadé que les élèves ne retiennent bien que ce qu'ils ont bien compris, nous avons ajouté à nos dialogues des remarques destinées à expliquer les tournures et idiotismes dont ils ne pourraient se rendre facilement compte et qui ont été multipliés à dessein.

Nous avons cru devoir, dans des notes, citer différentes règles de la grammaire, non pas tant pour les enseigner que pour les rappeler aux élèves, et les graver dans leur mémoire au moyen des phrases qu'ils auront apprises par cœur : l'exemple étant la meilleure manière d'enseigner des règles.

Ne perdant pas de vue les instructions qui accompagnent le dernier plan d'études, nous nous sommes efforcé à n'employer que des mots d'origine saxonne et des tournures saxonnes, écartant soigneusement l'élément latin et français, dont l'élève n'a pas besoin de faire une étude spéciale.

Nous avons cherché à rapprocher des verbes qui offrent certaines ressemblances, soit de signification, soit d'orthographe, comme : *to tell* et *to say, to lay* et *to put ; to throw, to heave* et *to cast ; to slit, to rend, to shred* et *to cleave*, ces quatre derniers pouvant tous se traduire par le verbe *fendre*.

Un devoir comme celui-ci, qui est destiné à être appris par cœur, doit, tout d'abord, être bien prononcé. Nous exigeons que la leçon indiquée pour la classe suivante soit lue attentivement, après le professeur, par un certain nombre d'élèves et jusqu'à ce que la prononciation de chaque mot soit parfaitement connue de tous. Nous sommes convaincu que c'est la meilleure manière de procéder avec des enfants, pour leur faire apprendre la prononciation.

Nous croyons avoir fait pour les verbes irréguliers une classification meilleure, au point de vue pratique, que celles qui sont à notre connaissance. Nous nous sommes attaché surtout à caractériser chaque classe et chaque division. La difficulté était là. Sachant à quelle classe un verbe appartient, il ne sera pas difficile à l'élève, avec un peu d'habitude, d'en donner les formes. Avec la division que nous avons établie, il ne peut plus y avoir de confusion que pour l'infinitif d'un très-petit nombre de verbes ; mais si l'un de ces verbes se rencontre au prétérit ou au participe passé, le caractère qu'il a apparaît aussitôt, en indique la classe et la division, et la difficulté est levée.

La traduction en français a été faite principalement en vue de l'intelligence complète du texte, afin de donner aux élèves le sens le plus littéral possible de l'anglais.

Si nos phrases n'ont pas toujours les libres allures de quelques dialogues anglais récemment publiés, et qui, sous ce rapport, sont une heureuse innovation dans ce genre de composition, c'est que l'obligation que nous nous sommes imposée de n'employer que des verbes irréguliers et des mots saxons nous a souvent gêné, et nous avons cherché en même temps à être aussi concis que possible. Cette dernière considération ne sera pas sans valeur auprès de la catégorie de lecteurs auxquels notre petit livre est plus particulièrement destiné.

L'auteur accueillera avec reconnaissance les observations que voudraient bien lui adresser ses collègues. Quand il n'aurait obtenu d'autre résultat que celui de leur avoir donné l'idée de faire quelque chose de mieux dans ce genre, son but serait atteint.

VERBES IRRÉGULIERS ANGLAIS

CLASSIFICATION

Les verbes irréguliers anglais se rangent naturellement en *trois* classes, d'après le nombre de leurs formes.

La première classe renferme tous les verbes dont l'*infinitif*, le *prétérit* et le *participe passé* sont semblables.

La deuxième classe comprend les verbes dont le *prétérit* et le *participe passé* seulement sont semblables.

La troisième comprend les verbes dont l'*infinitif*, le *prétérit* et le *participe passé* sont différents.

Observation sur les lettres finales de l'infinitif : Sauf d'assez rares exceptions, les verbes de la première classe sont terminés à l'infinitif par la dentale forte *t* ; ceux de la deuxième, par la dentale douce *d* ou par une autre consonne ; ceux de la troisième classe, par les voyelles *e* ou *w*.

A. — PREMIÈRE CLASSE. (Une seule division.)

VERBES DONT L'INFINITIF, LE PRÉTÉRIT ET LE PARTICIPE PASSÉ SONT SEMBLABLES.

Cette classe est caractérisée par la dentale finale *t*.

FINALES.	INFINITIF.	PRÉTÉRIT.	PART. PASSÉ	
et...............	To Let.	Let.	Let.	*Laisser, permettre.*
	— Set.	Set.	Set.	*Poser.*
it................	To Hit.	Hit.	Hit.	*Frapper.*
	— Knit.	Knit.	Knit.	*Tricoter.*
	— Slit.	Slit.	Slit.	*Fendre.*
	— Spit.	Spit.	Spit.	*Cracher.*
	— Split.	Split.	Split.	*Fendre.*
eat...............	To Beat.	Beat.	Beat.	*Battre.*
eat...............	— Sweat.	Sweat.	Sweat.	*Suer.*
st...............	To Cast.	Cast.	Cast.	*Lancer.*
	— Cost.	Cost.	Cost.	*Coûter.*
	— Burst.	Burst.	Burst.	*Éclater.*
	— Thrust.	Thrust.	Thrust.	*Pousser.*

FINALES.	INFINITIF.	PRÉTÉRIT.	PART. PASSÉ.	
t...............	To Cut.	Cut.	Cut.	*Couper.*
	— Shut.	Shut.	Shut.	*Fermer.*
	— Put.	Put.	Put.	*Mettre.*
rt...............	To Hurt.	Hurt.	Hurt.	*Blesser, faire mal.*
id...............	To Rid.	Rid.	Rid.	*Débarrasser.*
ead...............	To Read.	Read.	Read.	*Lire.*
	— Spread.	Spread.	Spread.	*Étendre.*
ed...............	To Shed.	Shed.	Shed.	*Répandre.*
	— Shred.	Shred.	Shred.	*Hacher.*

REMARQUES : 1° La première classe contient **22** verbes. Ils sont terminés par la dentale forte *t*, excepté 5, qui se terminent par la dentale douce *d*.

2° Tous les verbes irréguliers terminés à l'infinitif par la dentale forte *t* appartiennent à cette classe, à l'exception des six verbes : *to fight, to light, to get, to meet, to sit* et *to shoot*, qui sont de la deuxième classe, et *to eat*, qui est de la troisième.

DEUXIÈME CLASSE.

VERBES DONT LE PRÉTÉRIT ET LE PARTICIPE PASSÉ SEULEMENT SONT SEMBLABLES.

Les verbes de cette classe forment trois divisions.

B. I. — PREMIÈRE DIVISION.

La première division a pour caractéristique la dentale finale *d* à l'infinitif.

FINALES.	INFINITIF.	PRÉTÉRIT.	PART. PASSÉ.	
eed, ead........	To Bleed.	Bled.	Bled.	*Saigner.*
	— Breed.	Bred.	Bred.	*Produire, engendrer.*
	— Feed.	Fed.	Fed.	*Nourrir.*
	— Speed.	Sped.	Sped.	*Se dépêcher, se hâter.*
	— Lead.	Led.	Led.	*Mener, conduire.*
end...............	To Bend.	Bent.	Bent.	*Courber.*
	— Lend.	Lent.	Lent.	*Prêter.*
	— Rend.	Rent.	Rent.	*Déchirer.*
	— Send.	Sent.	Sent.	*Envoyer.*
	— Spend.	Spent.	Spent.	*Dépenser.*
ild...............	To Build.	Built.	Built.	*Bâtir.*
	— Gild.	Gilt.	Gilt.	*Dorer.*
	— Gird.	Girt.	Girt.	*Ceindre.*

FINALES.	INFINITIF.	PRÉTÉRIT.	PART. PASSÉ.	
ind...............	To Bind.	Bound.	Bound.	*Lier.*
	— Find.	Found.	Found.	*Trouver.*
	— Grind.	Ground.	Ground.	*Moudre.*
	— Wind.	Wound.	Wound.	*Tourner.*
	To Hold.	Held.	Held.	*Tenir.*
	— Stand.	Stood.	Stood.	*Être debout.*
	— Tread.	Trod.	Trod.	*Fouler aux pieds.*
t...............	To Meet.	Met.	Met.	*Rencontrer.*
	— Get.	Got.	Got.	*Obtenir.*
	— Shoot.	Shot.	Shot.	*Décocher.*
	— Fight.	Fought.	Fought.	*Combattre.*
	— Light.	Lit.	Lit.	*Allumer, éclairer.*
	— Sit.	Sat.	Sat.	*Être assis.*

REMARQUES : 1° Cette division contient 26 verbes. Ils sont terminés à l'infinitif par la dentale douce *d*, excepté 6, qui se terminent par la dentale *t*, comme ceux de la première classe.

2° La diphthongue ou syllabe longue de l'infinitif devient, suivant la tendance générale des verbes irréguliers, brève au prétérit. Si la voyelle de l'infinitif est déjà brève, le *d* se change en *t* au prétérit et au participe passé.

3° *In* de l'infinitif devient *oun* au prétérit et au participe passé.

4° Tous les verbes irréguliers terminés à l'infinitif par *d* appartiennent à cette division, excepté les cinq qu'on a vus dans la première classe.

B. II. — DEUXIÈME DIVISION.

La deuxième division de cette classe est caractérisée par les dentales *t* ou *d* au prétérit et au participe passé seulement.

FINALES.	INFINITIF.	PRÉTÉRIT.	PART. PASSÉ.	
eep; pt..........	To Creep.	Crept.	Crept.	*Ramper.*
	— Keep.	Kept.	Kept.	*Garder.*
	— Sleep.	Slept.	Slept.	*Dormir.*
	— Sweep.	Swept.	Swept.	*Balayer.*
	— Weep.	Wept.	Wept.	*Pleurer.*
	To Leap.	Leapt.	Leapt.	*Sauter.*
l, ll; lt.........	To Deal.	Dealt.	Dealt.	*Trafiquer, distribuer.*
	— Feel.	Felt.	Felt.	*Sentir.*
	— Kneel.	Knelt.	Knelt.	*S'agenouiller.*
	— Dwell.	Dwelt.	Dwelt.	*Demeurer.*
	— Smell.	Smelt.	Smelt.	*Sentir, flairer.*
	— Spell.	Spelt.	Spelt.	*Épeler, orthographier.*
	— Spill.	Spilt.	Spilt.	*Répandre, verser.*

FINALES.	INFINITIF.	PRÉTÉRIT.	PART. PASSÉ.	
ch, g, k, y; ght.	To Beseech.	Besought.	Besought.	*Supplier.*
	— Catch.	Caught.	Caught.	*Attraper.*
	— Teach.	Taught.	Taught.	*Apprendre.*
	— Bring.	Brought.	Brought.	*Apporter.*
	— Seek.	Sought.	Sought.	*Chercher.*
	— Think.	Thought.	Thought.	*Penser.*
	— Work.	Wrought.	Wrought.	*Travailler.*
	— Buy.	Bought.	Bought.	*Acheter.*
ve; ft............	To Cleave.	Cleft.	Cleft.	*Pourfendre.*
	— Leave.	Left.	Left.	*Quitter.*
eam, ean; t....	To Dream.	Dreamt.	Dreamt.	*Rêver.*
	— Mean.	Meant.	Meant.	*Vouloir dire, avoir l'intention.*
	To Lose.	Lost.	Lost.	*Perdre.*
	To Bite.	Bit.	Bit.	*Mordre.*
ay; aid..........	To Lay.	Laid.	Laid.	*Déposer.*
	— Pay.	Paid.	Paid.	*Payer.*
	— Stay.	Staid.	Staid.	*Rester.*
	— Say.	Said.	Said.	*Dire.*
ell; old.........	To Sell.	Sold.	Sold.	*Vendre.*
	— Tell.	Told.	Told.	*Dire, raconter.*
	To Have.	Had.	Had.	*Avoir.*
	— Clothe.	Clad.	Clad.	*Habiller.*
	— Flee.	Fled.	Fled.	*Fuir.*
	— Shoe.	Shod.	Shod.	*Ferrer.*
	— Hear.	Heard.	Heard.	*Entendre.*

Remarques : 1° Les verbes de cette division sont au nombre de 38, dont 28 sont terminés au prétérit et au participe passé par *t*, et les 11 autres par *d*.

2° La plupart des verbes de cette division, suivant la tendance que nous avons déjà fait remarquer, changent la voyelle longue ou double de l'infinitif en une voyelle brève ou simple au prétérit et au participe passé.

3° Tous les verbes irréguliers terminés par la consonne *p* ou *l* appartiennent à cette division et forment leur prétérit et leur participe passé en ajoutant à l'infinitif la dentale forte *t*, que l'on peut considérer comme la terminaison *ed* abrégée. Sont exceptés *to sell* et *to tell*.

4° Ceux dont l'infinitif est terminé par une des lettres analogues *g*, *k*, *ch*, *y*, prennent au prétérit et au participe la singulière réunion de lettres *aught*, *ought*, dont la prononciation est la même (*aute*).

5° Ceux qui sont terminés en *ve* à l'infinitif changent cette finale en *ft* (la consonne forte *t* exigeant la permutation de *v* en *f*).

6° Enfin, les quatre verbes irréguliers en *ay* font leur prétérit et leur participe en *aid*.

B. III. — TROISIÈME DIVISION.

Cette division est caractérisée :
1° Par l'absence complète de dentales finales.
2° Par les gutturales *g, k, ke*.
3° Par la voyelle brève *ŭ* (prononcée *eu*) au prétérit et au participe passe.
4° Enfin, par la double forme au prétérit de quelques-uns de ces verbes.

FINALES ET VOYELLES.	INFINITIF.	PRÉTÉRIT.	PART. PASSÉ.	
	To Hang.	Hung.	Hung.	
ing; u; u.......	To Cling.	Clung.	Clung.	*S'attacher.*
	— Fling.	Flung.	Flung.	*Lancer.*
	— Sling.	Slung.	Slung.	*Fronder.*
	— Sting.	Stung.	Stung.	*Piquer.*
	— String.	Strung.	Strung.	*Enfiler, garnir de cor-* [des.
	— Wring.	Wrung.	Wrung.	*Tordre.*
ig, k, ke; u; u.	To Dig.	Dug.	Dug.	*Bêcher, fouiller.*
	— Stick.	Stuck.	Stuck.	*Coller.*
	— Strike.	Struck.	Struck.	*Frapper.*
ing; an; u......	To Ring.	Rang, *rung.*	Rung.	*Sonner.*
	— Sing.	Sang, *sung.*	Sung.	*Chanter.*
	— Spring.	Sprang, *sprung*	Sprung.	*S'élancer.*
	— Swing.	Swung, *swang.*	Swung.	*Balancer.*
ink; an; u.....	To Drink.	Drank, *drunk.*	Drunk.	*Boire.*
	— Sink.	Sank, *sunk.*	Sunk.	*Sombrer, couler au* [fond.
	— Shrink.	Shrunk, *shrank*	Shrunk.	*Se rétrécir.*
	— Slink.	Slunk, *slank.*	Slunk.	*Se dérober.*
	— Stink.	Stunk, *stank.*	Stunk.	*Puer.*
in, im; a, u; u.	To Begin.	Began, *begun.*	Begun.	*Commencer.*
	— Spin.	Span, *spun.*	Spun.	*Filer.*
	— Swim.	Swam, *swum.*	Swum.	*Nager.*
	To Run.	Ran, *run.*	Run.	*Courir.*
i; o; o..........	To Abide.	Abode.	Abode.	*Demeurer.*
	— Shine.	Shone.	Shone.	*Briller.*
	— Win.	Won.	Won.	*Gagner.*
	To Make.	Made.	Made.	*Faire.*

Remarques : 1° Cette division comprend **27** verbes, dont **19** sont terminés par une gutturale.

2° Tous les verbes irréguliers qui renferment la voyelle *u* sont de cette division, excepté les cinq verbes : *to burst*, *to thrust*, *to shut*, *to hurt* et *to put*, qui appartiennent à la première classe, comme l'indique leur consonne finale, et les deux verbes où l'*u* est nul : *to build* et *to buy*.

3° La plupart des verbes irréguliers terminés par *k*, *ke*, et tous ceux qui sont terminés par *ng*, réunion de consonnes analogues, appartiennent à cette division, excepté *to bring*, dont nous avons déjà fait remarquer le prétérit et le participe passé en *ought*.

4° Les formes en italique sont moins usitées aujourd'hui que les autres.

TROISIÈME CLASSE.

VERBES DONT L'INFINITIF, LE PRÉTÉRIT ET LE PARTICIPE PASSÉ SONT DIFFÉRENTS.

Cette classe est caractérisée par la terminaison *en, n,* au participe passé, et forme deux divisions.

C. I. — PREMIÈRE DIVISION.

VERBES DONT LE PARTICIPE PASSÉ EST FORMÉ DE L'INFINITIF.

VOYELLES.	INFINITIF.	PRÉTÉRIT.	PART. PASSÉ.	
ĭ; ō; ŭ..........	To Ride.	Rode.	Ridden.	*Aller à cheval.*
	— Stride.	Strode.	Stridden.	*Enjamber.*
	— Smite.	Smote.	Smitten.	*Frapper.*
	— Write.	Wrote.	Written.	*Écrire.*
	— Rise.	Rose.	Risen.	*Se lever.*
	— Drive.	Drove.	Driven.	*Conduire, chasser.*
	— Shrive.	Shrove.	Shriven.	*Se confesser.*
	— Strive.	Strove.	Striven.	*S'efforcer.*
	— Thrive.	Throve.	Thriven.	*Prospérer.*
ĭ; ĭ; ĭ..........	To Chide.	Chid.	Chidden.	*Gronder.*
	— Slide.	Slid.	Slidden.	*Glisser.*
	— Hide.	Hid.	Hidden.	*Cacher.*
ā; ōō; ā........	To Forsake.	Forsook.	Forsaken.	*Abandonner.*
	— Shake.	Shook.	Shaken.	*Secouer.*
	— Take.	Took.	Taken.	*Prendre.*
ā; ā; ā..........	To Lade.	Laded.	Laden.	*Charger.*
	— Grave.	Graved.	Graven.	*Graver.*
	— Shape.	Shaped.	Shapen.	*Façonner.*
	— Shave.	Shaved.	Shaven.	*Raser.*

VOYELLES.	INFINITIF.	PRÉTÉRIT.	PART. PASSÉ.	
ĭ; a; ĭ............	To Bid.	Bade.	Bidden.	*Ordonner.*
	— Give.	Gave.	Given.	*Donner.*
o; o; o..........	To Mow.	Mowed.	Mown.	*Faucher.*
	— Show.	Showed.	Shown.	*Montrer.*
	— Snow.	Snowed.	Snown.	*Neiger.*
	— Saw.	Sawed.	Sawn.	*Scier.*
	— Sow.	Sowed.	Sown.	*Semer.*
	To Hew.	Hewed.	Hewn.	*Hacher.*
o; e; o.........	To Draw.	Drew.	Drawn.	*Tirer.*
	— Know.	Knew.	Known.	*Connaître.*
	— Throw.	Threw.	Thrown.	*Jeter.*
	— Blow.	Blew.	Blown.	*Souffler.*
	— Grow.	Grew.	Grown.	*Croître.*
	To Crow.	Crew.	Crowed.	*Chanter (comme le coq)*
ĭ; ī; ĭ...........	To Rive.	Rived.	Riven.	*Fendre.*
	— Writhe.	Writhed.	Writhen.	*Se tordre.*
	To Slay.	Slew.	Slain.	*Tuer.*
	— Fly.	Flew.	Flown.	*Voler.*
	To Swell.	Swelled.	Swollen.	*Enfler.*
	— Fall.	Fell.	Fallen.	*Tomber.*
	— Eat.	Ate.	Eaten.	*Manger.*

REMARQUES : 1º Des 40 verbes de cette division, 22 sont terminés à l'infinitif par une consonne et un *e* muet, ce qui est rare dans les autres classes. Ils font leurs participes en *en*.

2º 12, terminés par la consonne finale *w*, ont leur prétérit en *ed* ou en *ew* et leur prétérit en *n*.

3º Le *w* final ne se trouve pas dans les autres classes.

C. II. — DEUXIÈME DIVISION.

VERBES DONT LE PARTICIPE PASSÉ EST FORMÉ DU PRÉTÉRIT.

VOYELLES.	INFINITIF.	PRÉTÉRIT.	PART. PASSÉ.	
ea; o; o........	To Break.	Broke.	Broken.	*Rompre, casser.*
	— Bear.	Bore.	Born.	*Porter.*
	— Tear.	Tore.	Torn.	*Déchirer.*
	— Swear.	Swore.	Sworn.	*Jurer.*
	— Wear.	Wore.	Worn.	*Porter, user.*

VOYELLES.	INFINITIF.	PRÉTÉRIT.	PART. PASSÉ.	
	To Cleave.	Clove.	Cloven (1).	*Pourfendre.*
	— Heave.	Hove.	Hoven.	*Soulever, jeter.*
ēa, o, o........	— Speak.	Spoke.	Spoken.	*Parler.*
	— Steal.	Stole.	Stolen.	*Voler.*
	— Weave.	Wove.	Woven.	*Tisser.*
	— Shear.	Shore.	Shorn.	*Tondre.*
	To Freeze.	Froze.	Frozen.	*Geler.*
ee, oo, o, o...	— Seethe.	Sod.	Sodden.	*Mitonner.*
	— Choose.	Chose.	Chosen.	*Choisir.*

Remarques : 1° Les 14 verbes qui forment cette division ont *o* au prétérit et au participe passé.

2° 11 ont la diphthongue *ea* à l'infinitif, très-rare dans les autres classes.

Remarquez que les lettres finales *r, w, y* absorbent l'*e* dans la terminaison du participe *en*, qui caractérise cette classe.

C. III.

Il faut ajouter à cette classe quelques verbes qui sont plus irréguliers :

To Awake.	Awoke.	Awaked.	*Éveiller.*
— Dare.	Durst.	Dared.	*Oser.*
— Be.	Was.	Been.	*Être.*
— Go.	Went.	Gone.	*Aller.*
— Come.	Came.	Come.	*Venir.*
— Lie.	Lay.	Lain.	*Être couché.*
— Do.	Did.	Done.	*Faire.*

D. — Enfin les verbes défectifs, qui n'ont ni infinitif ni participe passé.

INFINITIF.	PRÉSENT.	PASSÉ.	
—	Can.	Could.	*Pouvoir.*
—	May.	Might.	*Pouvoir.*
—	—	Ought (2).	*Devoir.*
—	Must.	—	*Falloir.*
—	Will (3).	Would.	*Vouloir.*
—	Shall.	Should.	*Devoir.*

(1) On a déjà vu ce verbe dans la deuxième division, deuxième classe. C'est que, comme beaucoup d'autres verbes irréguliers, il commence à perdre ou a déjà perdu sa forme ancienne pour s'approcher de la forme des verbes que nous appelons verbes réguliers. (Voir note 5, Dial. XXX.)

(2) Ought est l'ancien prétérit du verbe *to owe*, être redevable, qui est régulier aujourd'hui. Cependant, dans les premières éditions de la *Bible* et même dans *Dryden*, on trouve *ought* dans le sens de *owed*. « *There was a certain creditor who had two debtors, the one ought (owed) five hundred pence, the other fifty.* »

(3) *Will* réveille l'idée de volonté ; comme auxiliaire, il est invariable ; comme verbe principal, il s'emploie rarement ; mais alors il prend les inflexions et formes ordinaires : *to will, I will, he wills, he willed,* et est suivi de l'inf. complet : *he willed me to write.*

DIALOGUE Ier.

1. Henry, where *is* your brother?	Henri, où est votre frère?
2. He *was* here with me, but he *has* just *gone* out.	Il était ici avec moi, mais il vient de sortir.
3. What *were* you both doing?	Que faisiez-vous tous les deux?
4. We have *been* learning our lessons.	Nous venons d'étudier nos leçons.
5. *Can* you *say* yours?	Pouvez-vous réciter la vôtre?
6. Yes, but I *could* not have *said* it an hour ago.	Oui, mais je n'aurais pas pu la réciter il y a une heure.
7. *Might* your brother also have *said* his before he *went* out?	Votre frère aurait-il pu réciter la siénne aussi avant de sortir?
8. *May* I now *go* to walk?	Puis-je aller me promener maintenant?
9. You *may*; but *be* back in half an hour.	Vous le pouvez; mais soyez de retour dans une demi-heure.

To be, was, been, être.	*To be able*, prés., *can*; passé, *could*, pouvoir.
To have, had, had, avoir.	
To go, went, gone, aller.	— prés., *may*; passé, *might*, pouvoir.
To say, said, said, dire.	

---

2. *He has just gone out*, mot à mot : il a justement sorti. En anglais, les verbes neutres se conjuguent ordinairement et mieux avec l'auxiliaire *to have*, avoir, surtout quand ils expriment une action ou qu'ils sont accompagnés de mots qui renferment une idée de temps, comme *just*.

3, 4. *Were you.... doing, been learning*, étiez-vous faisant, été apprenant, etc. Ces formes du verbe sont très-fréquentes; elles indiquent la simultanéité, ou que l'action est, ou était en *train de se faire*.

5, 6, 7, 8. *Can, could, may, might*, sont les seuls temps de ces deux verbes défectifs. On supplée aux formes qui manquent à *can* par la circonlocution *to be able*, être capable. *Can* et *may* n'ont pour les représenter en français que le seul verbe *pouvoir*; mais *can* indique un pouvoir *inhérent au sujet*; *may* marque, aujourd'hui, permission, possibilité éventuelle, *pouvoir en dehors* du sujet : *You can*, vous avez le pouvoir; *you may*, vous avez la permission, il se peut que vous, etc.

6. *Could not have said*, ne pouvait, ou ne pourrait pas avoir dit; *might have said*, pouvait, ou pourrait avoir dit. Les verbes défectifs *can* et *may* n'ayant pas de participes, ne peuvent former ni futur, ni conditionnel passé; pour obtenir l'équivalent de ces temps, on met au passé de l'infinitif le verbe qui, en français, suit le participe *pu* : *avoir dit*, au lieu de *pu dire*. On se sert d'une tournure analogue pour rendre en anglais les participes *dû, fallu*. (Voir Dial. XIV, 7.)

DIALOGUE II.

1. When Charles *went* out it *snowed* fast.	Quand Charles sortit, il neigeait fort.
2. It has *snown* all night and *snows* still.	Il a neigé toute la nuit et il neige encore.
3. Does the ice *bear?*	La glace porte-t-elle ?
4. It *bore* yesterday.	Elle portait hier.
5. I like to *slide* on the ice, though I often *fall.*	J'aime à glisser sur la glace, quoique je tombe souvent.
6. I *slid* on it this morning and *fell* also.	J'y ai glissé ce matin, et je suis tombé aussi.
7. It *froze* very hard last night.	Il a gelé très-fort la nuit dernière.
8. It *freezes* still; so the ice will not *break.*	Il gèle encore; ainsi la glace ne cassera pas.
9. It *broke* yesterday, although it had *frozen* for two days before.	Elle a cassé hier, quoiqu'il eût gelé pendant deux jours.

To snow, snowed, snown, neiger.	*To freeze, froze, frozen,* geler.
To bear, bore, borne, porter.	*To break, broke, broken,* casser, rompre.
To slide, slid, slidden, se glisser.	*To fall, fell, fallen,* tomber.

---

1. *Fast*, proprement *vite*, mouvement rapide de la neige; adjectif employé adverbialement comme *hard*, dur, fort.

2. *All night.* On peut employer ou supprimer l'article défini dans les expressions *all night* ou *all the night; all day* ou *all the day.*

5. *Often.* Cet adverbe, avec *always*, toujours; *never, ever*, jamais (*nunquam, unquam*); *seldom*, rarement; *now*, maintenant; *then*, alors; *soon*, bientôt; *already*, déjà, se met entre le sujet et le verbe aux temps simples. Aux temps composés, ils occupent la place habituelle des adverbes, entre l'auxiliaire et le verbe.

6. *And fell*, ellipse pour *and I fell.* Lorsque deux ou plusieurs propositions coordonnées ont le même sujet, il n'est pas nécessaire de le répéter devant chaque verbe.

Fell. Ne confondez pas ce prétérit avec l'infinitif du verbe régulier *to fell*, abattre. (Voir Dial. XII.)

DIALOGUE III.

1. The ice has *borne* Charles.	La glace a porté Charles.
2. He has *slidden* across the pond.	Il a glissé à travers l'étang.
3. Yes, but he has *fallen* and *hurt* his hand.	Oui, mais il est tombé et s'est fait mal à la main.
4. True, see how he *bleeds!*	C'est vrai; voyez comme il saigne!
5. He has *bled* very much.	Il a beaucoup saigné.
6. He might have *broken* his arm.	Il aurait pu se casser le bras.
7. How *durst* he *come* alone on the ice?	Comment a-t-il osé venir seul sur la glace?
8. And he *came* without his father's leave.	Et il y est venu sans la permission de son père.
9. He will not *dare* to *come* again.	Il n'osera plus y revenir.

To bear, bore, borne, porter.	*To break, broke, broken*, casser.
To fall, fell, fallen, tomber.	*To dare, durst, dared*, oser.
To bleed, bled, bled, saigner.	*To come, came, come*, venir.

---

1. Ne confondez pas le participe *borne*, porté, supporté, avec l'adjectif *born*, né.

3. *His hand*, sa main. Avec le substantif qui indique une partie du corps, lorsque ce substantif est le seul complément du verbe, ou le complément direct, si le verbe en a deux, on emploie l'adjectif possessif en anglais, au lieu de l'article. Mais si le mot qui indique la partie du corps est le complément indirect, on se sert de l'article comme en français. Ex. : *He took his son by the hand*, il prit son fils par la main.

6. *He might have broken*, mot à mot : il pourrait avoir cassé, etc., il aurait pu casser. (Dial. Ier, 6.)

7. *Durst*. Le verbe *to dare*, dans le sens de défier, et à tous ses temps composés, se conjugue régulièrement, et l'infinitif qui le suit prend *to*. Aux temps simples et avec le sens de *oser*, il prend l'infinitif sans *to*.

9. *Again*, de nouveau. (Voir Dial. XXVIII, 8.)

DIALOGUE IV.

1. I want some one to *ride* out my horse.	J'ai besoin de quelqu'un pour faire promener mon cheval.
2. Has he never been *ridden*.	N'a-t-il jamais été monté?
3. He has; but I never yet *rode* him myself.	Si, mais je ne l'ai pas encore monté moi-même.
4. The servant *says* the horse wants *shoeing*.	Le domestique dit que le cheval a besoin d'être ferré.
5. Let him *tell* John to get him *shod* at once.	Qu'il dise à Jean de le faire ferrer de suite.
6. He has already *told* the farrier to come.	Il a déjà dit au maréchal de venir.
7. The farrier *said* he should be here in a few minutes.	Le maréchal a dit qu'il serait ici dans quelques minutes.
8. In the mean time, let us go and see the sun *rise*.	En attendant, allons voir lever le soleil.

To ride, rode, ridden, aller à cheval.	*To come, came, come,* venir.
To say, said, said, dire (exprimer sa pensée).	*To go, went, gone,* aller.
To tell, told, told, dire (raconter).	*To rise, rose, risen,* se lever, lever.
To get, got, got, gagner, parvenir.	*To shoe, shod, shod,* ferrer.

---

1. *To ride,* aller à cheval ou en voiture; *a ride,* course à cheval ou en voiture. Cependant, *to ride, a ride,* ont généralement le sens d'aller à cheval, chevaucher.

3. *He has,* il l'a été. (Voir Dial. XIII, 5.)

4. *Shoeing.* Le participe présent se forme en ajoutant *ing* à l'infinitif; si l'infinitif est terminé par *e,* on retranche cette voyelle, comme *to love,* aimer, *loving,* etc.; sont exceptés quelques participes qui conservent l'*e* de l'infinitif, soit pour les distinguer des participes d'autres verbes avec lesquels ils se confondraient, soit pour des raisons de prononciation. Les principaux sont : *to see,* voir, *seeing; to singe,* flamber, *singeing; to eye,* examiner, *eyeing* ou *eying; to hoe,* houer, *hoeing; to dye,* teindre, *dyeing.*

5. *To get* s'emploie souvent comme une espèce de verbe auxiliaire dans le sens de *faire,* en français, suivi d'un infinitif. Cet infinitif est rendu en anglais par un infinitif ou un participe passé, selon que le complément de l'infinitif fait ou reçoit l'action. (Voir Dial. VI, 4.) Avec le sens de *gagner, obtenir, parvenir, devenir,* aucun verbe de la langue n'est plus usité : *to get up,* gagner le haut, se lever; *to get down,* gagner le bas, descendre; *to get rich,* devenir riche; *to get cold,* gagner le froid, s'enrhumer, etc.

7. *To say, to tell,* dire. L'emploi de ces deux verbes offre une petite difficulté pour l'élève. Ils ont été rapprochés ici pour mieux en faire sentir la différence. *To tell* a le sens de raconter, inviter, commander, et s'emploie principalement lorsqu'il a pour complément un pronom personnel; *to say* s'emploie quand on rapporte les paroles de quelqu'un, qu'on exprime une pensée, une décision.

DIALOGUE V.

1. The sun has already *risen*, see how it *shines*.	Le soleil est déjà levé; voyez comme il brille.
2. We *set* off too late.	Nous nous sommes mis en route trop tard.
3. It is long since it *shone* so brightly.	Il y a longtemps qu'il n'a brillé avec autant d'éclat.
4. How that mower is *mowing* down the grass!	Comme ce faucheur abat l'herbe!
5. He *mowed* a part of that meadow before the sun *rose*.	Il faucha une partie de cette prairie avant que le soleil fût levé.
6. He will have *mown* it all by sunset.	Il l'aura fauchée tout entière avant le coucher du soleil.
7. They will then *spread* out the grass to *make* hay of it.	On étendra l'herbe pour en faire du foin.
8. In a few days, it will be *made* into hay.	Dans quelques jours, elle sera transformée en foin.

To set, set, set, placer, mettre.	*To mow, mowed, mown*, faucher.
To rise, rose, risen, lever, se lever.	*To spread, spread, spread*, étendre.
To shine, shone, shone, briller.	*To make, made, made*, faire.

2. *To set*, placer, poser, se mettre; — *off*, au loin, partir, se mettre en route.

3. *It is long since*. Quand le verbe unipersonnel *il y a* s'emploie pour marquer le temps, on peut le rendre en anglais par *it is* suivi, mais jamais immédiatement, de *since*, depuis. *It is two years since I saw him*. Il y a deux ans (depuis) que je ne l'ai vu. Nous avons déjà vu (Dial. 1, 6) une autre manière de traduire *il y a* se rapportant au temps.

4. *Mower*, substantif formé du verbe. Presque tous les verbes peuvent former des substantifs qui indiquent *celui qui fait l'action* exprimée par le verbe, en ajoutant à l'infinitif la terminaison *r* ou *er*, suivant que l'infinitif est ou non terminé par un *e* : *to ride*, aller à cheval; *rider*, cavalier. *To bear*, porter; *bearer*, porteur. *To mow*, *mower*, etc.

To mow, faucher; *to mow down*, faucher en bas, abattre (en fauchant).

7. *Out*, dehors, ajoute au verbe *to spread* une idée complétive : *to spread*, étendre; *to spread out*, étendre partout (le champ). *Out* est souvent intensitif comme *e, ex*, en latin : *edoceo*, enseigner complètement; *exaggero*, entasser excessivement. Il indique l'accomplissement, la perfection de l'acte. (Voir Dial. XXI, 4.)

8. *Into*, dans, indique changement de lieu ou d'état, transformation; *in*, dans, marque le repos, la stabilité ou le mouvement dans un lieu. *He walked into the garden*, il passa dans le jardin; *he walked in the garden*, il se promenait dans le jardin.

DIALOGUE VI.

1. Do they *sow* grass as they do corn?	Sème–t–on l'herbe comme on sème le blé?
2. No, corn is *sown* every year.	Non, le blé est semé tous les ans.
3. They *sowed* that corn in november last.	On sema ce blé au mois de novembre dernier.
4. Did you *hear* that sky-lark *sing?*	Entendiez – vous chanter cette alouette?
5. I *heard* her just now; how merrily she *sang!*	Je l'ai entendue tout-à-l'heure; comme elle chantait gaîment!
6. She had probably *sung* so all the morning.	Elle avait probablement chanté ainsi toute la matinée.
7. She *sees* us now and *flies* away.	Elle nous voit maintenant et s'envole.
8. Se *flew* off as soon as she *saw* us.	Elle s'envola aussitôt qu'elle nous vit.
9. What a pity she has *seen* us and *flown* away!	Quel dommage qu'elle nous ait vus et se·soit envolée!

To sow, sowed, sown, semer.	*To see, saw, seen*, voir.
To sing, sang, sung, chanter.	*To fly, flew, flown*, voler.
To hear, heard, heard, entendre.	

---

1. *Do.* Le verbe *to do*, comme verbe principal, signifie *faire* ou plutôt *agir;* mais il s'emploie surtout comme auxiliaire, joue un rôle très-important dans les interrogations et les négations, dans les affirmations *emphatiques* où il n'a pas d'équivalent en français (voir Dial. XXIV, 4), et, comme ci-dessus, pour ne pas répéter le même verbe. (Dial. X, 2.)

3. *Last,* superlatif contracté de *latest.* Comme *next,* contracté de *nearest,* prochain, il se place après le nom des mois, quand ceux-ci sont précédés de *in : in november last,* au mois de novembre dernier; *in june next,* etc.; mais sans *in* on dirait : *last november, next june. — Last* et *next* se disent du rang, de l'ordre, de la succession; *latest,* du temps; *nearest,* du lieu.

4. *Hear that sky-lark sing.* Dans ces sortes de phrases, le substantif reste toujours entre les deux verbes, et il est tantôt le sujet, tantôt le complément du second. S'il en est le sujet, le second verbe se met à l'infinitif, comme en français; mais s'il en est le complément, ce second verbe se mettra au participe passé. Dans cette phrase : j'ai entendu chanter le héros, si c'est le héros qui chante, on traduira : *I heard the hero sing;* mais si c'est le héros qu'on chantait, on dira : *I heard the hero sung.*

DIALOGUE VII.

1. Has that lark *forsaken* her nest?	Cette alouette a-t-elle abandonné son nid ?
2. No; how could she *forsake* her young?	Non; comment pouvait-elle abandonner ses petits ?
3. Where has she *built* her nest?	Où a-t-elle construit son nid?
4. Larks *build* their nests on the ground.	Les alouettes font leurs nids sur le sol.
5. Who would have *fed* them, when *bereft* of their mother?	Privés de leur mère, qui les aurait nourris?
6. She will not *bereave* them of her care.	Elle ne les privera pas de ses soins.
7. Then she only *forsook* them for a while.	Alors elle ne les abandonna que pour un instant.
8. She will *teach* them how to *fly*.	Elle leur apprendra à voler.
9. When *taught* to fly, they will be able to *feed* themselves.	Quand ils sauront voler, ils pourront se nourrir eux-mêmes.

To forsake, forsook, forsaken, abandonner.	*To feed, fed, fed*, nourrir.
To build, built, built, bâtir.	*To bereave, bereft, bereft*, priver.
	To teach, taught, taught, enseigner.

---

2. *Young*, adjectif employé substantivement pour *young ones*. On se sert souvent du pronom indéfini *one*, pluriel *ones*, comme substantif, pour signifier les petits des animaux, et alors il est toujours précédé de *little*, petit, ou de *young*, jeune. Appliqué aux enfants, *one, ones*, avec l'adjectif *little*, est une expression de tendresse.

5. *When bereft*, ellipse pour *when they would have been bereft*. Après les conjonctions *when, while, if, though*, le verbe *to be*, avec son sujet, se supprime le plus souvent. (Voir Dial. XVII, 8.)

6. *Her care ;* her, adjectif possessif féminin. Quand on ne connaît pas le sexe d'un animal, on le considère ordinairement comme étant du genre neutre; mais dans certains cas, lorsque c'est le mâle ou la femelle que l'on a plus particulièrement en vue, on peut lui assigner le genre qui lui convient. — Remarquez l'accord de l'adjectif possessif *her* avec le substantif *possesseur*.

DIALOGUE VIII.

1. Shall we go and *seek* for birds' nests?	Voulez-vous que nous allions chercher des nids d'oiseaux?
2. You have *slept* too late this morning.	Vous avez dormi trop tard ce matin.
3. I *sleep* very soundly and seldom *awake* early.	Je dors très-profondément et je me réveille rarement de bonne heure.
4. I *awoke* before the cock *crowed*.	Je me suis réveillé avant que le coq eût chanté.
5. I do not *know* at what o'clock he usually *crows*.	Je ne sais pas à quelle heure il chante habituellement.
6. He *crew* this morning at four.	Il a chanté ce matin à quatre heures.
7. I never *knew* where to find birds' nests.	Je n'ai jamais su où trouver des nids d'oiseaux.
8. To be *found*, they must be well *sought* for.	Pour les trouver, il faut les bien chercher.
9. I have long *known* that nothing can be had without labour.	Je sais depuis longtemps qu'on ne peut rien avoir sans peine.

To seek, sought, sought, chercher.	*To crow, crew, crowed*, chanter (comme le coq).
To sleep, slept, slept, dormir.	*To know, knew, known*, savoir, connaître.
To awake, awoke, awaked, éveiller.	
To find, found, found, trouver.	

---

1. *To go and seek*, aller et chercher. Lorsqu'un verbe de mouvement a pour complément un autre verbe, ce second verbe se met à l'infinitif en français ; mais en anglais, on le met au même mode et au même temps que le premier, auquel il se joint par la conjonction *and* : venez me voir, *come and see me* (venez et me voyez). Mais lorsque la locution *afin de* ou *pour* est exprimée ou sous-entendue dans la phrase française, le second verbe doit être à l'infinitif précédé de *to* ou *in order to* sans *and* : Il vint (afin de, pour) me voir, *he came to see me*.

3. *Soundly*, de *sound*, entier, intact (latin *sanus*). *Soundly* signifie donc : entièrement.

5. *O'clock*, pour *of the clock*. *O'clock* est souvent sous-entendu après un nom de nombre précisant l'heure, quand l'ensemble de la phrase indique qu'on parle de l'heure et qu'il n'en résulte pas d'équivoque. *He crew at four* ; on sait qu'il s'agit de l'heure. Ne confondez pas l'expression *four o'clock*, etc., l'heure précise marquée par l'horloge, avec *four hours*, qui indique la durée de quatre heures.

DIALOGUE IX.

1. They have *led* up the horse and gig.	On a amené le cheval et le cabriolet.
2. Which of us is to *drive?*	Lequel de nous doit conduire?
3. You; I have seldom *driven.*	Vous; j'ai rarement conduit.
4. But you *drove* some days ago.	Mais vous avez conduit il y a quelques jours.
5. Let the servant *lead* them on to the road then.	Que le domestique les mène alors jusque sur la route.
6. Your horse *draws* very well; don't *strike* him.	Votre cheval tire très-bien; ne le frappez pas.
7. He has *drawn* us up this hill without stopping.	Il nous a traînés au sommet de cette côte sans s'arrêter.
8. He *drew* up four persons last week.	Il y a monté quatre personnes la semaine dernière.
9. I don't like to see so good a horse *struck.*	Je n'aime pas à voir frapper un si bon cheval.

To lead, led, led, mener.
To drive, drove, driven, conduire.
To draw, drew, drawn, tirer, traîner.

To strike, struck, struck, frapper, battre. •

---

1. *Led up.* To *lead*, mener; *to lead up*, amener; *up*, adverbe et préposition, outre l'idée générale de mouvement en haut, ajoute au verbe celle de mouvement *vers*, d'achèvement ou d'accomplissement de l'acte. C'est souvent une espèce d'augmentatif : *to grow*, croître; *to grow up*, grandir; *to eat*, manger; *to eat up*, manger entièrement, dévorer, etc., etc. (Voir Dial. X, 3.)

2. *Is to drive.* Le verbe devoir, pour exprimer un futur ou pour annoncer l'intention, se rend en anglais par le temps correspondant du verbe *to be* suivi de l'infinitif complet, c'est-à-dire avec *to :* je dois conduire, *I am to drive;* je devais conduire, *I was to drive*. *To drive* signifie mener, conduire (une voiture) ou bien éloigner, chasser. Avec ce dernier sens, il est toujours accompagné d'une préposition ou d'un adverbe : *to drive out*, chasser (dehors); *to drive in*, chasser (dedans); *to drive away*, chasser (au loin). (Dial. X, 3.)

3. *Don't* pour *do not*, contraction très-usitée dans la conversation, avec *shan't* pour *shall not*, et *won't* pour *will not*. Il importe aux élèves de se familiariser de bonne heure avec les nombreuses contractions du langage familier, sans quoi il leur serait impossible de comprendre un Anglais qui parle.

So good a horse, si bon un cheval; après *so*, si, *as*, aussi, et *too*, trop, on met l'article indéfini *a, an*, après l'adjectif.

6. *To draw*, tirer, traîner, signifie aussi *dessiner* (tirer, faire des traits).

DIALOGUE X.

1. Ilow this gig *shakes* one!	Comme ce cabriolet vous secoue!
2. It never *shook* as it does to-day.	Jamais il n'avait secoué comme il le fait aujourd'hui.
3. *Hold* in the horse and let me get down.	Retenez le cheval et laissez-moi descendre.
4. There; I have *held* him in, but with difficulty.	Voilà; je l'ai retenu, mais non sans peine.
5. I had rather go home on foot than be *shaken* so.	J'aime mieux retourner chez moi à pied que d'être secoué de la sorte.
6. But it is a long way to walk.	Mais la route est longue pour la faire à pied.
7. Only *rid* me of my great-coat.	Débarrassez-moi seulement de mon par-dessus.
8. *Lay* it over the seat.	Déposez-le sur le siége.
9. *Put* that book into the box, or *thrust* it under the cushion.	Mettez ce livre dans le coffre, ou poussez-le sous le coussin.
10. You have *laid* my coat on the wrong side.	Vous n'avez pas mis mon manteau du côté qu'il le fallait.

To shake, shook, shaken, secouer.	*To put, put, put,* mettre, placer.
To hold, held, held, tenir.	*To thrust, thrust, thrust,* pousser, fourrer.
To rid, rid, rid, débarrasser.	
To lay, laid, laid, déposer.	

---

2. *As it does.* Indépendamment de l'emploi si fréquent du verbe *do* dans les phrases négatives, interrogatives et affirmatives, on s'en sert très-souvent, comme on se servait autrefois, plus qu'on ne le fait à présent, du verbe *faire* en français, pour éviter de répéter le même verbe : « Je proteste que personne n'admire Cicéron plus que je (ne fais. » (Fénelon.)— « Charles XII voulait braver les saisons comme il faisait ses ennemis. (Voltaire.) — Construction tout-à-fait anglaise : *I declare that nobody admires Cicero more than I do; Charles XII would have braved the seasons, as he did his enemies* (*).

3. *Hold in. To hold,* tenir; *to hold in,* tenir dedans, retenir; *to hold up,* tenir en haut, soutenir; *to hold out,* tenir dehors, présenter, résister. Il n'y a presque pas de limites, en anglais, à ces combinaisons des verbes avec les prépositions et les adverbes (**).

(*) Nous sommes à la veille de perdre, par négligence, un des plus précieux emplois de ce verbe. FAIRE avait jadis le privilége de se substituer, en temps, nombre et personne, à un verbe déjà exprimé qu'on avait besoin de répéter dans la même phrase. Les Anglais nous ont pris cette forme, avec bien d'autres choses ; mais, plus avisés que nous, ils ne l'ont pas laissé périr... Vous avez assuré que telle chose se passait. Je ne l'ai point assuré : I DID NOT, je ne l'ai point FAIT.
(M. GENIN. — Variations du Langage français.)

(**) Nous conseillons aux personnes qui désirent acquérir une connaissance complète du rôle si important des prépositions et prépositions-adverbes, dans leurs combinaisons avec le verbe, l'étude de l'ouvrage de M. Fleming : « English Verbs and Prepositions », où se trouve réuni tout ce qui a été dit de meilleur sur ce sujet.

DIALOGUE XI.

1 Don't *tread* on that worm.	N'écrasez pas ce ver.
2. It has been *trodden* on already.	Il a été écrasé déjà.
3. How the poor thing *writhes!*	Comme la pauvre bête se tord!
4. It has *writhen* itself in two.	Il s'est tordu au point de se séparer en deux.
5. Last week, our man-servant *trod* on a snake.	La semaine dernière, notre domestique mit le pied sur un serpent.
6. Was he *bitten* by it?	En fut-il mordu?
7. Yes, it *writhed* itself round his ancle and *bit* him.	Oui, il lui entoura la cheville et le mordit.
8. Snakes don't often *bite* in cold weather.	Les serpents ne mordent pas souvent pendant le temps froid.

To tread, trod, trod ou *trodden*, fouler aux pieds.

To writhe, writhed, writhen, se tordre.
To bite, bit, bitten, mordre.

C'est un des traits les plus caractéristiques de la langue anglaise et des autres langues du Nord; nous en recommandons l'étude à toute l'attention des élèves; elle est de la dernière importance. — **5.** *I had rather.* (Voir Dial. XXIII, 6.) — **8.** Ne confondez pas l'infinitif *to lay* avec *lay*, prétérit de *to lie*, être couché, ni celui-ci avec le verbe régulier *to lie*, mentir. (Voir Dial. XII, 2.) *To lay*, mettre un objet en le couchant dans le sens de sa longueur; *to put*, mettre, placer.

1. *To tread*, marcher ou fouler. Avec ce dernier sens, ce verbe est ordinairement suivi de *on* ou *upon*, sur : *to tread on*, écraser du pied.

3. *Poor thing*, terme de compassion appliqué aux animaux et quelquefois aux personnes.

4. *Has writhen itself in two*, mot à mot : a tordu lui-même en deux; il s'est séparé en deux *à force de* se tordre. Les verbes suivis d'une préposition avec son complément forment souvent des anglicismes qui correspondent à la locution française *à force de* : *to study one's self to death*, se tuer à force d'étudier; *to run one's self out of breath*, être hors d'haleine à force de courir.

On trouve dans les poètes des exemples nombreux de cette particularité de la langue anglaise, dont quelques-uns sont très-remarquables : *Forget thyself to marble* (Milton), s'oublier au point de devenir marbre, semblable à une statue. *And giddy factions hear away their rage* (Pope). Et les factions enivrées écoutent au loin leur fureur, oublient leur fureur en écoutant.

In two; le changement d'état demanderait *into* au lieu de *in;* l'oreille préfère *in* à cause de la mauvaise consonnance de *into two*, qu'on pourrait dire cependant.

5. *Man-servant.* On précise quelquefois le genre des substantifs qui n'ont qu'une forme pour les deux sexes, en mettant, avant ou après eux, un autre nom ou un pronom : *man*, homme; *servant*, domestique; *maid*, fille; *maid-servant*, une domestique; *a he-goat*, un bouc; *a she-goat*, une chèvre; *a turkey-cock*, un dindon; *a turkey-hen*, une dinde; *hen*, proprement, poule.

DIALOGUE XII.

1. In winter, serpents *creep* into holes.	En hiver, les serpents se glissent dans des trous.
2. Yes, and they *lie* there for months together in a state of torpor.	Oui, et ils y restent engourdis pendant des mois entiers.
3. The one I *spoke* of *crept* into a hollow tree.	Celui dont j'ai parlé s'est glissé dans un creux d'arbre.
4. One afternoon, as I *lay* under a cherry-tree, I was *stung* by a wasp.	Une après-midi, pendant que j'étais couché sous un cerisier, je fus piqué par une guêpe.
5. Wasps often *sting* when provoked.	Les guêpes piquent souvent quand on les excite.
6. I had not *lain* there five minutes at the time.	Il n'y avait pas alors cinq minutes que j'y étais (couché).
7. Now you *speak* of it, I remember the circumstance.	Maintenant que vous en parlez, je me rappelle la circonstance.
8. I did not think I had *spoken* of it before.	Je ne croyais pas en avoir parlé.

To creep, crept, crept, ramper.　　*To speak, spoke, spoken,* parler.
To lie, lay, lain, être couché.　　*To sting, stung, stung,* piquer.

---

1. *To creep,* ramper, se glisser en rampant.

2. *To lie.* Les verbes actifs se convertissent souvent en verbes neutres, et réciproquement, par une simple permutation de voyelles : *to lay,* verbe actif, déposer ; *to lie,* verbe neutre, être couché *(jacio, jaceo)*; *to fall,* verbe neutre, tomber ; *to fell,* verbe actif, abattre ; *to sit,* verbe neutre, être assis ; *to set,* verbe actif, placer, etc. *To lie,* être couché ; *to sit,* être assis ; si l'on voulait désigner l'action de s'asseoir, de se coucher, on ferait suivre le verbe anglais d'une préposition (*) ou d'un adverbe indiquant le mouvement, l'action ; *to lie down, to sit down.*

4. *Cherry-tree.* Les différentes espèces d'arbres à fruit et autres s'expriment en anglais par un mot composé de *tree,* arbre, et d'un autre substantif qui indique le fruit ou l'espèce de l'arbre : *apple,* pomme ; *apple-tree,* pommier ; *rose-tree,* rosier ; *oak,* du chêne ; *oak-tree,* le chêne, etc. Quelquefois *tree* est sous-entendu ; *the oak,* le chêne ; *the beech,* le hêtre ; *the elm,* l'ormeau, etc.

5. *To sting,* piquer, en parlant de piqûres venimeuses.

(*) Prépositions ! PLACÉS DEVANT, le nom n'est pas heureux. En anglais, elles sont presque toujours APRÈS les verbes qu'elles modifient et souvent le dernier mot de la phrase. (Dial. XXVIII, 2.)

DIALOGUE XIII.

1. I have *sold* my watch.	J'ai vendu ma montre.
2. Why did you *sell* it?	Pourquoi l'avez-vous vendue?
3. It did not go.	Elle n'allait pas.
4. Was it *wound* up?	Était-elle montée?
5. It was; I used to *wind* it up every morning.	Oui; j'avais coutume de la monter tous les matins.
6. Has the buyer *paid* you for it?	L'acheteur vous l'a-t-il payée?
7. No, but he is to *pay* me shortly.	Non, mais il doit me la payer prochainement.
8. You are easy to *deal* with.	Vous êtes facile en affaires.
9. I have *dealt* with an honest man.	Je crois avoir eu affaire à un honnête homme.
10. Will not your money soon be *spent?*	Votre argent ne sera-t-il pas bientôt dépensé?
11. I'll *spend* it on another watch.	Je le dépenserai pour une autre montre.

To sell, sold, sold, vendre.	*To deal, dealt, dealt,* trafiquer.
To wind, wound, wound, tourner, virer.	*To pay, paid, paid,* payer.
	To spend, spent, spent, dépenser.

---

1. *To wind,* tourner; *to wind up,* tourner en haut, monter (en tournant).

5. *It was*; elle l'était. Tous les verbes auxiliaires et défectifs peuvent remplacer les adverbes *yes,* oui, et *no,* non. Quelquefois on emploie ensemble l'adverbe et le verbe : *yes, it was; yes, I do; no, I was not; no, I do not,* etc., phrases elliptiques dans lesquelles l'infinitif et le complément sont sous-entendus. C'est ainsi qu'on rend en anglais l'adverbe d'affirmation *si,* qui, en réponse à une proposition négative ou négative-interrogative, se traduit rarement par *yes* tout seul. Vous n'avez pas fait votre devoir. — Si. *You have not done your task. — Yes, I have.* — Avez-vous fait votre devoir? — Oui. *Have you done your task? — Yes.* (Dial. XXII, 3.)

9. *To deal.* L'idée dominante de ce verbe est celle de partage, division : *to deal the cards,* donner, distribuer les cartes; ensuite : trafiquer, avoir affaire, en user.

DIALOGUE XIV.

1. I am going to *buy* another watch.	Je vais acheter une autre montre.
2. *Choose* a good one this time.	Choisissez—en une bonne cette fois.
3. Who *chose* yours?	Qui vous a choisi la vôtre?
4. It was *chosen* and *bought* by a friend of mine.	Elle fut choisie et achetée par un de mes amis.
5. You have had your name *engraven* on it, *show* it me.	Vous y avez fait graver votre nom; montrez—la moi.
6. The man who *engraved* my name has *spelt* it wrong.	L'homme qui a gravé mon nom l'a mal orthographié.
7 You should have *shown* him how to *spell* it.	Vous auriez dû lui en montrer l'orthographe.
8. I *showed* him his mistake; but it was too late.	Je lui ai montré son erreur, mais il était déjà trop tard.

To buy, bought, bought, acheter.	*To spell, spelt, spelt,* orthographier, épeler.
To choose, chose, chosen, choisir.	*To show, showed, shown,* montrer.
To engrave, engraved, engraven, graver.	

---

4. A *friend of mine*, un ami des miens; on pourrait dire comme en français : *one of my friends.* (Dial. XVIII, 5.)

5. Nous avons vu (Dial. IV, 5) le verbe *faire*, suivi d'un infinitif rendu en anglais par *to get ;* le verbe *to have* s'emploie de la même manière, surtout en traduisant l'infinitif français par le participe passé anglais, parce que, avec cette tournure, le complément de l'infinitif reçoit l'action au lieu de la faire. Sur la place que doit occuper ce complément, voir Dial. VI, 4.)

5. *To engrave*, avec le verbe simple *to grave*, qui a le même sens, est souvent régulier.

7. *You should have shown*, mot à mot : vous devriez avoir montré. Le verbe *shall, should*, étant un verbe défectif sans participe, on est obligé d'employer, pour rendre le participe dû, la tournure que nous avons signalée (Dial. I, 6.). A la place de *should*, on pourrait employer *ought* avec l'infinitif complet : *you ought to have shown*, etc. *Ought* affirme avec l'idée de devoir plus énergiquement que *should*, parce que celui-ci sert aussi à former le conditionnel.

To spell, primitivement *épeler*, et, par suite, orthographier.

DIALOGUE XV.

1. How the wind *blows!*	Comme le vent souffle !
2. It has *bent* all those young trees.	Il a fait courber tous ces jeunes arbres.
3. The waves *swell* and *beat* against the rocks.	Les vagues s'enflent et battent contre les rochers.
4. It *blew* hard all night.	Le vent a soufflé fort toute la nuit.
5. Several ships have been *blown* ashore.	Plusieurs navires ont été jetés à la côte par le vent.
6. One of them, heavily *laden*, has *split* on the rocks and *sunk*.	Un d'eux, pesamment chargé, s'est fendu sur les rochers et a coulé à fond.
7. I hope she did not *sink* before the crew was on land.	J'espère qu'il n'a pas coulé avant que l'équipage fût à terre.
8. The ship *sank* immediately, but the sailors *clung* to the rigging and were saved.	Le navire coula aussitôt, mais les matelots se cramponnèrent aux cordages et furent sauvés.
9. It was lucky they had the rigging to *cling* to.	C'est heureux qu'ils aient pu se cramponner aux cordages.

To blow, blew, blown, souffler.	*To lade, laded, laden,* charger.
To bend, bent, bent, courber, plier.	*To split, split, split,* fendre.
To swell, swelled, swollen, enfler.	*To cling, clung, clung,* s'attacher, cramponner.
To sink, sank, sunk, s'enfoncer.	
To beat, beat, beat, battre.	

---

5. *Ashore.* Le préfixe *a* équivaut à *on*, sur, et à *in*, dans ; *ashore* veut donc dire *on shore*. Il s'emploie souvent avec les participes présents ou substantifs verbaux : *a-walking*, promenade ; *to walk*, se promener ; *a-riding*, promenade à cheval, etc. (Dial. **XXV**, 4.)

Blown ashore, soufflés sur le rivage, jetés à la côte par le vent.

6. *Laden. To lade* et *to load*, verbe régulier, signifient tous les deux *charger* ; mais *to lade* s'emploie plus particulièrement dans le sens de *charger un navire*, et même avec ce sens restreint on ne se sert guère aujourd'hui que du participe passé. Ailleurs il a vieilli et appartient au style biblique. « *They laded their asses and departed thence.* » (Genèse). Remarquons en passant que la *Bible* est le livre conservateur par excellence des anciens idiomes et termes saxons ; il est considéré par les Anglais comme l'arche sainte de leur langue.

7. *Shé*, pronom féminin. Les substantifs qui représentent les choses inanimées sont tous du genre neutre, en anglais ; cependant, à l'imitation des autres langues, l'usage a assigné arbitrairement le genre masculin ou le genre féminin à quelques noms de choses. C'est ainsi que *ship* a été fait du féminin ; cela a lieu surtout en poésie et dans le langage figuré ; mais on peut toujours les considérer comme neutres.

DIALOGUE XVI.

1. Yonder is another vessel *cleaving* the *swollen* waves.	Voilà un autre navire **qui fend grosses vagues.**
2. How her masts seem to *bend* before the wind.	Comme ses mâts semblent **se plier au vent.**
3. She also will be *cast* ashore.	Lui aussi va être jeté à la côte.
4. The sharp rocks will *rend* her sides.	Les rochers aigus en déchireront les flancs.
5. Her canvas will be *slit* and *shred* into a thousand pieces.	La voilure va être fendue **et** déchirée en mille morceaux.
6. What is that sailor *throwing* into the sea?	Qu'est-ce que ce matelot jette à la mer?
7. He is *heaving* the lead.	Il jette la sonde.
8. But they *threw* something overboard just now.	Mais on a jeté quelque chose à la mer il y a un instant.
9. They have *hove to* and *thrown* a part of the cargo overboard.	Ils ont mis en panne et jeté une partie de la cargaison à la mer.
10. All her sails are *rent* into shreds.	Toutes ses voiles sont en lambeaux.

To bend, bent, bent, courber, plier.	*To slit, slit, slit,* fendre, déchirer.
To cast, cast, cast, jeter, lancer.	*To throw, threw, thrown,* jeter.
To rend, rent, rent, fendre.	*To heave, hove, hoven,* jeter, soulever.

---

2. *Before the wind,* devant le vent, au vent.

To slit, fendre, déchirer, en parlant d'une étoffe ; *to rend,* déchirer, fendre violemment, surtout en parlant du bois, d'un rocher ; *to shred,* hacher, couper en petits morceaux longs et étroits. Tous ces verbes, avec *to cleave* et *to rive,* fendre, qu'on verra plus loin, ont beaucoup d'analogie dans leur signification et s'emploient quelquefois l'un pour l'autre.

5. *Canvas* (canevas), toile, voilure ; la matière dont la chose est faite pour la chose elle-même. Cette métonymie est usitée principalement par les marins. Plus bas, dans le mot *lead* (plomb), nous avons une figure de mots semblable, mais avec cette différence qu'il n'y a pas en anglais d'autre expression pour distinguer l'instrument de la matière dont il est fait.

7. *To heave* est également régulier ; le participe *hoven* a un peu vieilli. *Hove to* est une expression qui n'est guère employée que par les marins.

DIALOGUE XVII.

1. The woodman is *hewing* down those fine trees.	Le bûcheron abat ces beaux arbres.
2. He *hewed* down three before breakfast.	Il en a abattu trois avant le déjeûner.
3. How hard he *works!*	Comme il travaille vigoureusement !
4. In a few days, he will have *hewn* them all down.	Dans quelques jours, il les aura tous abattus.
5. They will then be *sown* and *cleft* for fuel.	On les sciera alors et on les fendra pour en faire du bois de chauffage.
6. Will he not *saw* a part into planks?	N'en sciera-t-il pas une partie en planches?
7. He will. It was also he who *sawed* and *rived* all those logs.	Si. C'est lui aussi qui a scié et fendu toutes ces bûches.
8. Wood is easily *riven* when green.	Le bois se fend facilement quand il est vert.
9. Yes, but it cannot well be *wrought* until it is dry.	Oui, mais il ne peut guère être travaillé que lorsqu'il est sec.
10. Wedges are used to *rive* logs.	On se sert de coins pour fendre les bûches.

To hew, hewed, hewn, tailler, hacher. *To work, wrought, wrought,* travailler. *To saw, sawed, sawn,* scier.	*To cleave, cleft, cleft,* fendre, pour-fendre. *To rive, rived, riven,* fendre.

---

1. *Woodman* (*wood,* bois ; *man,* homme). Souvent le mot composé de deux substantifs ne prend pas le trait d'union entre ses parties composantes. C'est une affaire d'habitude, pour beaucoup de mots, de l'employer ou non. (Dial. XX, 2, 3.)

To hew, couper avec une hache ; *to hew down,* couper en bas, abattre avec une hache. (Voir Dial. X, 3.) Ces modifications, au moyen d'adverbes et de prépositions, sont, comme nous l'avons dit, infinies en anglais, et contribuent beaucoup à la précision et à la richesse de la langue ; mais il en résulte quelquefois des nuances très-délicates de signification, qui échappent facilement aux étrangers ; il faut donc les analyser et les étudier avec soin.

4. *Them all down,* etc. Lorsqu'un verbe est modifié par une préposition ou par un adverbe, le complément, si c'est un substantif, peut se placer, soit avant, soit après la préposition ou l'adverbe ; mais si ce complément est un pronom, il se met immédiatement après le verbe. On peut donc dire indifféremment : *He hewed down the trees* ou *he hewed the trees down;* mais on ne dirait pas : *he hewed down them.*

8. *When green,* ellipse de *it is.* (Voir Dial. XII, 5.)

9. *Wrought.* La forme régulière en *ed* de ce verbe est plus usitée au propre, et la forme irrégulière au figuré. Le participe passé irrégulier s'emploie surtout comme adjectif : *wrought iron,* fer travaillé, forgé, pour le distinguer de *cast iron,* fer fondu.

DIALOGUE XVIII.

1. *Give* me the ball I *lent* you yesterday.	Donnez-moi la balle que je vous ai prêtée hier.
2. I *gave* it you back this morning.	Je vous l'ai rendue ce matin.
3. I have *lost* it then ; *lend* me yours.	Je l'ai perdue alors ; prêtez-moi la vôtre.
4. I will, but you must not *lose* it.	Soit, mais il ne faut pas la perdre.
5. One of my school-fellows has *given* me a sling.	Un de mes condisciples m'a donné une fronde.
6. Let us try which can *sling* stones farthest.	Essayons lequel pourra lancer des pierres le plus loin.
7. You have *slung* that stone very far.	Vous avez lancé cette pierre bien loin.
8. It may have *hit* some one.	Elle a pu atteindre quelqu'un.
9. True ; we had better *swing* ourselves on this swing.	C'est vrai ; nous ferions mieux de nous balancer sur cette escarpolette.
10. Willingly ; I have not *swung* myself this long while.	Je le veux bien ; je ne me suis pas balancé depuis longtemps.

To give, gave, given, donner.	*To sling, slung, slung,* fronder, lancer.
To lose, lost, lost, perdre.	*To hit, hit, hit,* atteindre, frapper.
Must (verbe défectif), falloir.	*To swing, swung, swung,* balancer.
To lend, lent, lent, prêter.	

2. *I gave it you,* etc. Autrefois, on disait indifféremment : *I give it you* ou *I give you it.* Cette dernière construction est blâmée aujourd'hui par les grammairiens anglais, qui veulent que le pronom neutre *it,* complément direct, soit placé avant le pronom complément indirect, sans que celui-ci exige la préposition *to* avant lui. Si le complément direct est un substantif, il faut la préposition devant le pronom complément indirect, lorsqu'il est après le complément direct. Ainsi, on dit : *I give it you* ou *to you*; mais il faut dire : *I give the book to you* ou *I give you the book.*

Remarquez que si à la place du pronom neutre *it* on employait un autre pronom personnel ou un pronom démonstratif, le contraire aurait lieu et l'on dirait : *I give you her,* je vous la donne ; *I give you that,* je vous donne cela ; mais, pour plus de clarté, *I give her to you* serait préférable.

6. *A sling,* une fronde ; *to sling,* fronder ; un très-grand nombre de substantifs anglais sont en même temps des verbes.

Farthest. Les mots que l'on donne pour le comparatif et le superlatif de *far* sont *farther* et *farthest, further* et *furthest.* Les deux premiers sembleraient avoir été formés en intercalant les lettres euphoniques *th* entre l'adjectif au positif et la terminaison *er, est,* à l'imitation de *further, furthest,* de *forth,* en avant. *Far* n'a de comparatif et de superlatifs réguliers que dans la bouche des gens du peuple, *farer* et *farest* (*), prononciation qu'il faut éviter.

(*) Anglo-saxon, FEOR ; comparatif. FYRRE. FYRREST.

DIALOGUE XIX.

1. Shall we *stay* here to bathe?	Voulez-vous que nous restions ici pour nous baigner?
2. I *think* it unsafe while we *sweat*.	Je crois que ce serait dangereux tant que nous transpirons.
3. We can *sit* down on this bridge and wait till we are cool.	Nous pouvons nous asseoir sur ce pont et attendre que nous n'ayons plus chaud.
4. I *sat* in this very spot a year ago.	Je me suis assis dans ce même endroit il y a un an.
5. *Kneel* down on the brink and *feel* if the water is warm.	Agenouillez-vous sur le bord pour sentir si l'eau est chaude.
6. I have *felt* it; it is warmer than I *thought*.	Je l'ai sentie; elle est plus chaude que je ne pensais.
7. You have *knelt* in the mud.	Vous vous êtes agenouillé dans la vase.
8. You can *swim*, can you not?	Vous savez nager, n'est-ce pas?
9. I can, but I have not *swum* for some years.	Oui, mais je n'ai pas nagé depuis quelques années.
10. I once *swam* across this river.	Autrefois, j'ai traversé cette rivière à la nage.

To stay, staid, staid, rester, séjourner.
To think, thought, thought, penser.
To sit, sat, sat, être assis.

To kneel, knelt, knelt, s'agenouiller.
To feel, felt, felt, sentir, toucher.
To swim, swam, swum, nager.

---

4. *Very,* très, précède ordinairement un adjectif au positif pour former le superlatif absolu; quelquefois il est placé devant un substantif, et alors il a la signification de *même,* adverbe. Il s'emploie élégamment comme adjectif: *He is my very friend,* il est mon véritable ami.

7. *In the mud.* En général, *in* accompagne un verbe qui marque le repos, le séjour dans un endroit, et *into,* un verbe de mouvement. Dans cette phrase, bien que *kneel down* indique un mouvement, c'est le résultat de l'action plutôt que l'action que l'on a en vue. Nous avons déjà fait remarquer l'idée de mouvement que l'adverbe *down* ajoute au verbe. (Dial. XII, 2.)

La distinction que l'on observe pour l'emploi de *in* et *into* est la même que celle qui existe entre *at* et *to*. *At* suppose le repos, le séjour dans un lieu; *to,* mouvement, tendance vers quelque but. Cependant, *at* accompagne parfois un verbe de mouvement, mais alors il marque un mouvement violent: *He came to me,* il vint vers moi; *he came at me,* il se jeta sur moi.

9. La locution *n'est-ce pas* exige une certaine attention à la phrase dont elle est l'é-

DIALOGUE XX.

1. Did you *spring* from the bridge?	Avez-vous sauté du **haut du pont?**
2. No, I *sprung* from the river-bank.	Non, j'ai sauté du **bord de la ri-**vière.
3. Why have you *kept* your straw-hat on.	Pourquoi avez-vous gardé votre chapeau de paille?
4. I *keep* it on not to be *burnt* by the sun.	Je l'ai gardé pour ne pas être brûlé par le soleil.
5 The sun his not hot enough now to *burn* you.	Le soleil n'est pas assez chaud maintenant pour vous brûler.
6. The water has got into my mouth.	L'eau m'est entrée dans la bouche.
7. *Spit* it out.	Crachez-la.
8. I forgot to *shut* my mouth before I dived.	J'ai oublié de fermer la bouche avant de plonger.
9. Let us now *wring* out our napkins and *hang* them up to dry.	Tordons nos serviettes et suspendons-les pour les faire sécher.
10. Mine *is wrung* out already.	La mienne est déjà tordue.

To spring, sprung, sprung, s'élancer, sauter.	*To spit, spit, spit*, cracher.
To keep, kept, kept, garder.	*To shut, shut, shut*, fermer.
To burn, burnt, burnt, brûler.	*To wring, wrung, wrung*, tordre.

quivalent, pour être traduite en anglais. Dans la phrase ci-dessus, elle signifie : *ne savez-vous pas* (*nager* sous-entendu). C'est ainsi qu'il faut la construire pour la traduire en anglais. Exemples : Vous voyez cette maison, n'est-ce pas ? (ne la voyez-vous pas?) *You see that house, do you not? (see it).* — Vous ne voyez pas cette maison, n'est-ce pas? (la voyez-vous?) *You do not see that house, do you? (see it).* — Remarquez que s'il y a une négation dans la première partie de la phrase, il ne doit pas y en avoir dans la seconde, et réciproquement.

2, 3. *Straw-hat, river-bank.* Lorsque deux substantifs en français se suivent et que le second détermine le premier en indiquant la matière dont il est fait, son emploi, la place qu'il occupe, etc., le substantif *déterminant*, qui devient une espèce d'adjectif, doit, en anglais, précéder le substantif *déterminé*, et la préposition se supprime. On réunit ordinairement les deux mots par un trait d'union.

5. *Hot enough.* L'adverbe *enough* suit le plus souvent le mot qu'il modifie, mais il peut se mettre avant ou après le substantif : *enough money* ou *money enough*. On trouve également en français l'adverbe *assez* après l'adjectif qu'il modifie, mais c'est rare :

> Ni trou, ni fente, ni crevasse,
> Ne fut large ASSEZ pour eux.

6. *My mouth*, ma bouche, la bouche. (Voir Dial. III, 5.)

7. *To spit* fait également *spat* au prétérit et *spitten* au participe passé, mais ces formes commencent à vieillir. (Voir Dial. XXX, 5.)

9. *To wring*..tordre (ordinairement en parlant d'une étoffe); *to wring out*, tordre en exprimant.

DIALOGUE XXI.

1. I have *hung* up my hat in the sun.	J'ai suspendu mon chapeau au soleil.
2. Has not the water made it *shrink?*	Est-ce que l'eau ne l'a pas fait rétrécir ?
3. It has *shrunk* so much that it cannot be *worn* any longer.	Il s'est tellement rétréci qu'il ne peut plus être porté.
4. You must however *wear* it out.	Il faut cependant que vous l'usiez.
5. I never *wore* so bad a one.	Je n'en ai jamais porté un aussi mauvais.
6. You *gird* your belt too tight.	Vous serrez trop votre ceinturon.
7. No, I like to be *girt* tight.	Non, j'aime qu'il soit serré.
8. Let us now *speed* home.	Maintenant, rendons-nous vite à la maison.
9. Don't *run* so fast; I am out of breath.	Ne courez pas si vite; je suis hors d'haleine.
10. I *thought* you *ran* faster than I.	Je croyais que vous couriez plus vite que moi.

To hang, hung, hung, suspendre.	*To gird, girt, girt,* ceindre.
To shrink, shrunk, shrunk, se rétrécir.	*To speed, sped, sped,* dépêcher, se hâter.
To wear, wore, worn, porter, user.	*To run, ran, run,* courir.

1. *To hang* prenait autrefois la forme régulière, lorsqu'il signifiait pendre, faire subir la peine de mort; aujourd'hui, avec cette signification, on emploie souvent la forme irrégulière.

2. *Made it shrink.* Nous avons dit (Dial. IV, 5, et Dial. XIV, 5) que le verbe *faire,* suivi d'un infinitif, peut se traduire en anglais par *to have* et *to get.* Quand *faire* renferme une idée d'obligation, de nécessité, une conséquence nécessaire ou probable, il se rend en anglais par *to make* ou par le verbe défectif *must;* dans une phrase affirmative, quelquefois par les deux ensemble : *the water must have made it shrink,* l'eau a dû le faire rétrécir.

4. *To wear,* porter, être revêtu de, se dit des habits et de la manière de les porter. *To wear out,* porter jusqu'à la fin, user en portant. (Dial. V, 7.)

5. *Home,* complément d'un verbe de mouvement, sans être précédé d'une préposition, rappelle la particularité des substantifs latins *rus* et *domus* dans les mêmes circonstances. *Home,* sans préposition, peut être regardé comme un adverbe. Si le mot *home* était accompagné de quelque mot qui le déterminât, il prendrait la préposition *to : He has gone* To *his long home,* il est allé à sa dernière demeure.

Quand en français on emploie *chez* pour indiquer la demeure de la personne qui est le sujet du verbe, on le rend par *home* ou *at home : I was not at home,* je n'étais pas chez moi; *he is not at home,* il n'est pas chez *lui; he has gone home,* il est allé chez lui, etc. Mais lorsque *chez* ne se rapporte pas au sujet de la phrase, il faut le traduire par *house,* maison : Je n'étais pas chez lui, *I was not at his house;* il n'est pas venu chez moi, *he did not come to my house.*

DIALOGUE XXII.

1. *Bring* us something to *eat* and *drink*.	Apportez-nous à manger et à boire.
2. Have you neither *eaten* nor *drunk* anything since breakfast ?	N'avez-vous ni mangé ni bu depuis le déjeûner ?
3. Yes, I *ate* a biscuit and *drank* a glass of wine at luncheon.	Si, j'ai mangé un biscuit et j'ai bu un verre de vin au goûter.
4. Let us see what they have *brought* us ?	Voyons ce qu'ils nous ont apporté ?
5. *Cut* off a bit of bread and *fling* it to the dog.	Coupez un morceau de pain et jetez-le au chien.
6. I have *left* my knife on the grass.	J'ai laissé mon couteau sur l'herbe.
7. You are always *leaving* something behind you.	Vous oubliez toujours quelque chose.
8. Some one has just *flung* him a bone.	Quelqu'un vient de lui jeter un os.

To bring, brought, brought, apporter.	*To cut, cut, cut,* couper.
To eat, ate, eaten, manger.	*To leave, left, left,* laisser.
To drink, drank, drunk, boire.	*To fling, flung, flung,* jeter.

---

2. *Neither..... nor. Ni* répété se rend en anglais, la première fois par *neither* et ensuite par *nor; ou* répété se rend par *either..... or.* Quelquefois *neither* est remplacé par *nor*, et *either* par *or;* cela a lieu surtout en poésie.

Breakfast, de *to break*, briser, rompre; *fast,* jeûne, rompre le jeûne, déjeûner.

3. L'adverbe d'affirmation *si* a pu être traduit par *yes* seul, sans auxiliaire, parce qu'il est suivi de la proposition *I ate*, etc. (Dial. XIII, 5.)

Luncheon ou *lunch*, aliments pris entre les repas principaux, ordinairement entre le déjeûner et le diner. Ce mot semble venir du gallois *llwnc* et signifie proprement une *gorgée*, une *bouchée*. D'autres le font dériver de *nuncheon* ou *nuntion*, corruption de *noon*, midi, et *to shun*, éviter, s'éloigner, c'est-à-dire suspension du travail à midi.

6. *To leave*, laisser; *to leave behind*, laisser derrière, oublier.

8. *Has just flung*, a justement lancé, vient de lancer. La locution française *venir de* se rend en anglais par l'emploi de *just*, adverbe, joint aux différents temps du verbe.

DIALOGUE XXIII.

1. *Stride* out; I shall be to late in the field.	Allongez le pas; je serai trop tard en chasse.
2. I never *strode* on faster than I do now.	Je n'ai jamais marché plus vite que je ne le fais maintenant.
3. Did you ever *shoot* a bird on the wing?	Avez-vous jamais tué un oiseau au vol?
4. I once *shot* at one and the gun *burst* in my hands.	Un jour j'en ai tiré un et le fusil m'a éclaté entre les mains.
5. Were you *hurt* by it?	En fûtes-vous blessé?
6. No, but I *swore* I'd never touch another gun.	Non, mais j'ai juré que je ne toucherai plus à un fusil.
7. One often *swears* to no purpose.	Souvent on jure inutilement.
8. I have *sworn* and shall *abide* by my oath.	J'ai juré et je resterai fidèle à mon serment.
9. Here we are; we have indeed *stridden* along at a great rate.	Nous voici; nous avons, en effet, marché d'un bon pas.

To *stride*, *strode*, *stridden*, enjamber.	To *swear*, *swore*, *sworn*, jurer.
To *shoot*, *shot*, *shot*, décocher, faire feu.	To *hurt*, *hurt*, *hurt*, blesser, nuire.
To *burst*, *burst*, *burst*, éclater.	To *abide*, *abode*, *abode*, demeurer, habiter.

1: *To stride*, enjamber; *to stride out*, marcher à grandes enjambées (Dial. X, 3); *a stride*, une enjambée.

Field, proprement, champ, plaine, par extension, campagne, champ de bataille, chasse.

3. *To shoot*, lancer, en général; ordinairement, tuer d'un coup de feu; *to shoot at*, faire feu sur, tirer.

6. *I'd*, contraction pour *I would*. Cette contraction a donné lieu à la forme abrégée *I had* pour *I would have*, forme très-souvent employée dans le style familier avec les adverbes au comparatif, *rather*, plutôt (préférence); *sooner*, plutôt (plus tôt) : *I had rather*, ou *I had sooner*, *I'd rather*, *I'd sooner*, je préférais, j'aimerais mieux; ou avec le comparatif *better* : *I had* ou *I'd better*, il vaut, il vaudrait mieux que je, *you had* ou *you'd better*, il vaut, il vaudrait mieux que vous, etc.

8. *To abide*, demeurer, rester, appartient au style biblique et poétique. On préfère, dans le style familier, *to live* ou *to dwell;* mais il s'emploie dans le langage ordinaire, au figuré, dans le sens de *s'en tenir à, rester fidèle à.*

9. *Rate* (ratio) signifie ordinairement *taux, prix-courant*, et abusivement *degré de vitesse, vitesse.*

DIALOGUE XXIV.

1. You are too warmly *clad* for *shooting*.	Vous êtes trop chaudement vêtu pour chasser.
2. I *clothe* myself so not to *catch* cold.	Je m'habille ainsi pour ne pas m'enrhumer.
3. The dog hunts as if he *smell* some game.	Le chien chasse comme s'il avait flairé du gibier.
4. And he DOES *smell* some, for yonder is a hare *slinking* away.	Et il en a réellement flairé, car voilà un lièvre qui part.
5. She has *leapt* over the ditch and *slunk* into the wood.	Il a franchi le fossé et s'est glissé dans le bois.
6. She will *hide* herself in the wood not to be *caught*.	Il se cachera dans le bois pour ne pas être attrapé.
7. I don't think she will remain *hid* long; the dog is on the scent.	Je ne pense pas qu'il y resté caché longtemps; le chien est sur la piste.
8. As we cannot *leap* this ditch, we must *stand* still where we are.	Comme nous ne pouvons pas franchir le fossé, il nous faut nous tenir tranquilles où nous sommes.
9. We have *stood* here too long already; follow me.	Nous sommes restés ici trop longtemps déjà; suivez-moi.

To catch, caught, caught; attraper.	*To leap, leapt, leapt,* sauter.
To clothe, clad, clad, vêtir.	*To hide, hid, hid,* cacher.
To smell, smelt, smelt, sentir, flairer.	*To stand, stood, stood,* se tenir, être debout.
To slink, slunk, slunk, se dérober.	

---

2. *To catch cold,* attraper, prendre froid, s'enrhumer.

4. *He does smell,* etc. Lorsque le verbe *do,* passé *did,* qui dans ce cas est un verbe auxiliaire, accompagne un autre verbe au présent et au passé, dans une phrase affirmative, il forme un mode du verbe qui n'a pas d'équivalent en français et qu'on a appelé *mode emphatique.* Il affirme d'une manière plus énergique que la forme ordinaire. Ainsi : *the dog smells some game,* le chien flaire ou a flairé du gibier; *the dog* DOES *smell some game,* le chien a *réellement, positivement,* flairé du gibier.

To slink est ordinairement suivi d'un adverbe ou d'une préposition qui en modifie le sens en y ajoutant une idée de direction; il signifie : se dérober, s'échapper à la dérobée.

5. *She,* elle, en parlant du lièvre. Ordinairement, quand il s'agit d'un animal et qu'il n'y a pas de mots pour distinguer le mâle de la femelle, comme pour *horse,* cheval; *mare,* jument; *a he-goat,* un bouc; *a she-goat,* une chèvre, etc. (Dial. XI, 5), on le considère du genre neutre. Cependant l'usage a assigné arbitrairement, mais d'une manière moins absolue qu'en français, l'un ou l'autre genre à quelques noms d'animaux, et *hare* est le plus souvent regardé comme du genre féminin. Dans l'incertitude du genre le plus généralement adopté, on peut toujours employer le neutre.

DIALOGUE XXV.

1. Where do you *mean* to *put* those rabbits?	Où avez-vous l'intention de mettre ces lapins?
2. I have *begun* to build a little house for them.	J'ai commencé à leur bâtir une petite maisonnette.
3. When did you *begin* it?	Quand l'avez-vous commencée?
4. I *began* it a day or two ago.	Je l'ai commencée il y a un ou deux jours.
5. For my part, I prefer digging my little garden to *breeding* rabbits.	Pour ma part, je préfère bêcher mon petit jardin que d'élever des lapins.
6. I *meant* however to offer you one of mine, when they have *bred*.	Je me proposais cependant de vous offrir un des miens, quand ils auront produit.
7. But my garden *must* be *dug*, and that takes up all my time.	Mais il faut que mon jardin soit bêché, et cela me prend tout mon temps.
8. I am going to get some oats *ground* for my rabbits.	Je vais faire moudre de l'avoine pour mes lapins.
9. The oats you give them do not want *grinding*.	L'avoine que vous leur donnez n'a pas besoin d'être moulue.

To mean, meant, meant, se proposer.	*To dig, dug, dug*, bêcher.
To begin, began, begun, commencer.	*To grind, ground, ground*, moudre.
To breed, bred, bred, produire.	

---

1. *To mean (mind, mens)*, se proposer, avoir l'intention; il est synonyme de *to intend (intendo); to purpose (propono);* il a aussi le sens de : vouloir dire, signifier.

4. *Ago,* contracté de *agone,* participe passé de *go,* aller. — *A* est un préfixe qui précède beaucoup de mots anglais, où il marque un état, une manière d'être : *sleep,* sommeil; *asleep,* endormi; *foot,* pied; *a foot (on foot),* à pied, etc. Devant les substantifs, il paraît être une espèce d'augment syllabique ou une contraction de *on,* sur, de *in,* dans, ou de quelque autre préposition; et devant les participes, comme *agoing, ariding,* une sorte de redoublement, comme en grec, en latin et dans quelques langues du Nord.

7. *To take up. To take,* prendre; *to take up,* prendre complètement, absorber. (Dial. IX, 1.)

DIALOGUE XXVI.

1. Let us *stay* here a while to see that shepherd *shear* his sheep.	Arrêtons-nous ici un instant pour voir ce berger tondre ses moutons.
2. Have we not already *staid* out too long?	Ne sommes-nous pas restés trop longtemps dehors?
3. It is only half an hour since we *left* home.	Il n'y a qu'une demi-heure que nous sommes partis de la maison.
4. He *shore* those same sheep last year.	Il tondit ces mêmes moutons l'an dernier.
5. Sheep are *shorn* every year.	On tond les moutons tous les ans.
6. Yes, and their wool is *spun* into worsted.	Oui, et on en file la laine.
7. They formerly *span* and *wore* with the hand.	Autrefois on filait et l'on tissait à la main.
8. They now *spin* and *weave* with machinery.	Maintenant on file et l'on tisse à la mécanique.
9. Worsted may be *knit* or *woven*.	La laine filée peut être tricotée ou tissée.

To stay, staid, staid, rester, séjourner.
To shear, shore, shorn, tondre.

To spin, span, spun, filer.
To weave, wove, woven, tisser.
To knit, knit, knit, tricoter.

2. *Shepherd,* de *sheep,* moutons, brebis; et *herd,* gardien. Ce dernier mot, dans le sens de *gardien,* ne s'emploie plus qu'en composition; seul il signifie troupeau (de bêtes à cornes). Appliqué aux personnes, il est pris en mauvaise part, comme *bande, horde* en français.

Sheep est du petit nombre des substantifs qui n'ont qu'une forme pour le singulier et le pluriel; les autres sont *deer,* daim ou daims, et *swine,* porc ou porcs. Ces sortes de substantifs sont beaucoup plus nombreux dans l'anglo-saxon, surtout ceux qui représentent des choses inanimées.

3. *Half an hour,* mot à mot : demie une heure. *Half* est suivi de l'article indéfini *a, an,* au lieu d'en être précédé. Il en est de même de *such,* tel, telle; *what!* exclamatif, quel! quelle! et de *many,* maint, mainte. *Such a man,* un tel homme; *what a book!* quel livre! *many a man,* maint homme.

7. *They.* Le pronom indéfini *on* employé dans un sens restreint et ne comprenant pas les personnes présentes, se rend en anglais par *they.*

9. *Wool,* laine qui n'est pas filée; *worsted,* laine filée.

DIALOGUE XXVII.

1. Some one has *torn* my grammar and *spill* ink on it.	Quelqu'un a déchiré ma grammaire et y a répandu de l'encre.
2. It was perhaps your little brother; he *tears* all his books and *spills* ink on every thing.	C'est peut-être votre jeune frère; il déchire tous ses livres et répand de l'encre partout.
3. He also *steals* off with all my pencils.	Il m'emporte aussi tous mes crayons.
4. It was he who *stole* my *gilt* penholder and *tore* my copy-book.	C'est lui qui m'a dérobé mon porte-plume doré et qui a déchiré mon cahier.
5. This book *must* now be *sent* to be *bound*.	Il faut qu'on envoie relier ce livre.
6. I'll *send* it to the binder with some of mine.	Je l'enverrai au relieur avec quelques-uns des miens.
7. Beg him to *bind* it well.	Recommandez-lui de le relier solidement.

To tear, tore, torn, déchirer.	*To gild, gilt, gilt,* dorer.
To spill, spilt, spilt, répandre (par accident).	*To send, sent, sent,* envoyer.
To steal, stole, stolen, voler, dérober.	*To bind, bound, bound,* relier, lier.

---

1. *To spill*, répandre, verser, par accident ou négligence, se dit des liquides principalement.

2. *It was :* c'est est employé ici pour *c'était* ou *ce fut ;* dans ce cas, *c'est* se traduit toujours en anglais par le temps passé : *it was.*

3. *Steals off with,* se dérobe au loin avec, emporte furtivement.

4. *Gilt.* Le verbe *to gild* a aussi souvent la forme régulière que la forme irrégulière. Le participe *gilt* est employé ici comme adjectif.

5. *Must,* verbe défectif qui n'a qu'une forme, invariable pour toutes les personnes, au singulier et au pluriel. Il signifie *devoir* et *falloir.* On supplée aux temps qui lui manquent par la circonlocution *to be obliged, to be necessary, etc.* Remarquez aussi que *must* n'est pas unipersonnel, comme falloir, et que l'on dit : *I must.* Il faut que je, *thou must ;* il faut que tu, etc. *Must* est un présent qui implique un futur ; il ne s'emploie pas pour le passé.

DIALOGUE XXVIII.

1. Who has *written* this note?	Qui a écrit ce billet?
2. Your master *wrote* it me an hour ago.	Votre maître me l'a écrit il y a une heure.
3. What does he *write* about.	Pourquoi écrit-il?
4. To *chide* you for your idleness.	Pour vous gronder à cause de votre paresse.
5. 'Tis the first time he ever *chid* me.	C'est la première fois qu'il m'ait jamais grondé.
6. You ought never to be *chidden* at your age.	Vous ne devriez jamais être grondé à votre âge.
7. I *besought* him to forgive me.	Je l'ai supplié de me pardonner.
8. *Beseech* him again; and *strive* to do better or you will never *thrive* in life.	Il faut le supplier de nouveau et tâcher de faire mieux, autrement vous ne prospérerez jamais.
9. But I ever *strove* to do my best.	Mais je me suis toujours efforcé de faire de mon mieux.
10. Few have *thriven* who have not *striven*.	Peu de personnes ont prospéré sans efforts de leur part.

To *write*, *wrote*, *written*, écrire.	To *thrive*, *throve*, *thriven*, prospérer.
To *chide*, *chid*, *chidden*, gronder.	To *beseech*, *besought*, *besought*, sup-
To *strive*, *strove*, *striven*, s'efforcer.	plier.

---

2. *What does*, etc., ou, en donnant à la phrase la même construction qu'en français, ce que l'on fait dans le style élevé et soutenu ; *about what does he write* ; mais la préposition rejetée ainsi à la fin de la phrase forme un anglicisme remarquable et très-usité dans le style familier et dans la conversation.

5. *'Tis* pour *it is*. On dit aussi *it's* pour *it is*.

6. *Ought* est le seul verbe défectif après lequel on conserve *to* devant l'infinitif qui le suit ; on le supprime avec tous les autres. Cet ancien prétérit du verbe *to owe*, devoir, ne s'emploie plus qu'avec le sens d'un présent; il en est de même de *must*.

10. *Few*, peu (en nombre); *many*, beaucoup (plusieurs); *little*, peu (en volume); *much*, beaucoup (en volume). Les deux premiers de ces adjectifs s'emploient souvent d'une manière absolue et sont alors des pronoms indéfinis. *Few*, peu de personnes, *pauci; many*, beaucoup de gens, *multi*.

8. *Again, still, yet*, sont des adverbes qui peuvent tous les trois se traduire par *encore*, et cependant ils ne sont pas synonymes. *Again (iterum)* marque la répétition ; *still (etiamnunc)*, qu'il n'y a pas eu de changement dans la situation; *yet (adhuc)*, avec négation, que la chose n'est pas encore. *He is there again*, il y est encore, il y est revenu; *he is there still*, il y est encore, il n'est pas parti; *he is not yet there*, il n'y est pas encore, il n'y est pas venu.

DIALOGUE XXIX.

1. Have you not *read* that book yet?	N'avez-vous pas encore lu ce livre?
2. No, I have those berries to *string*.	Non, il faut que j'enfile ces baies.
3. Let me *read* until you have *strung* them.	Laissez-moi lire jusqu'à ce que vous les ayez enfilées.
4. In what country do these berries *grow?*	Dans quel pays croissent ces baies?
5. They are *grown* in America.	On les cultive en Amérique.
6. I thought they also *grew* in Asia.	Je croyais qu'elles croissaient également en Asie.
7. What did they *cost* you?	Que vous ont-elles coûté?
8. Nothing, I *won* them of a friend I *met* the other evening.	Rien, je les ai gagnées à un ami que j'ai rencontré l'autre soir.
9. Do you often *win* at play?	Gagnez-vous souvent au jeu?
10. Sometimes, when I *meet* with a worse player than myself.	Parfois, quand je rencontre quelqu'un qui joue plus mal que moi.

To read, read, read, lire.	*To cost, cost, cost,* coûter.
To string, strung, strung, enfiler.	*To win, won, won,* gagner.
To grow, grew, grown, croître.	*To meet, met, met,* rencontrer.

---

1. *To read.* La tendance générale des verbes irréguliers, longs à l'infinitif, est de s'abréger au prétérit et au participe passé, et cette tendance est si forte que, sans changer d'orthographe, quelquefois la syllabe devient brève; cela est surtout remarquable dans *to read* (prononcez *ride* à l'infinitif et *redde* au prétérit et au participe). On en trouve encore des exemples dans *to deal, dealt, to dream, dreamt; to leap, leapt; to mean, meant,* et ailleurs.

4. *To grow,* croître, est un verbe neutre; mais, comme beaucoup d'autres verbes neutres, il s'emploie souvent activement; c'est ce qui est arrivé pour ce verbe, surtout depuis que l'on s'occupe tant d'agriculture. On peut donc lui donner la forme passive avec le sens de *faire croître, cultiver. To grow* est très-souvent employé pour *to become,* devenir. *To grow tall,* devenir grand, grandir; *to grow old,* devenir vieux, vieillir, etc.

8. *To meet,* rencontrer, se trouver au devant; *to meet with,* se trouver avec, rencontrer par hasard.

DIALOGUE XXX.

1. *Ring* for the servant and *bid* him *bring* a light.	Sonnez le domestique et dites-lui d'apporter une lumière.
2. I have *rung*, here he is.	J'ai sonné, le voici.
3. We *rang* for you twice.	Nous vous avons sonné deux fois.
4. I did not hear the bell, sir.	Je n'ai pas entendu la sonnette, Monsieur.
5. I *bade* you *sweep* out my closet and *light* a fire in it.	Je vous ai commandé de balayer mon cabinet et d'y allumer du feu.
6. The closet is *swept* out, and the fire will soon be *lit* on.	Le cabinet est balayé, et le feu sera bientôt allumé.
7. Did you *take* my razors out of this dressing-case?	Avez-vous ôté mes rasoirs de ce nécessaire?
8. Yes, I *took* them to the cutler's who formerly *dwelt* below.	Oui, je les ai portés chez le coutelier qui demeurait en bas autrefois.
9. Where does that cutler *dwell* now?	Où demeure ce coutelier maintenant?
10. He has *taken* a shop next door.	Il a loué le magasin de la maison à côté.

To *ring, rang, rung*, sonner.	To *take, took, taken*, prendre, affermer.
To *bid, bade, bidden*, commander.	To *light, lit, lit*, allumer.
To *sweep, swept, swept*, balayer.	To *dwell, dwelt, dwelt*, habiter.

1. *To ring*, sonner, agiter la sonnette; *to ring for*, sonner (pour faire venir). *To bid* s'emploie souvent dans le sens de commander, mais il a aussi celui d'inviter, de prier *(jubeo)*. *Bid him come in*, invitez-le, priez-le d'entrer. *I bade* ou *bid him good bye*, littéralement: je lui ai souhaité un bon voyage, je lui ai dit adieu.

5. *To light*, signifie allumer ou éclairer; il est quelquefois suivi de l'explétif *on* dans le sens de *allumer*, ou de *up* dans celui de *éclairer*; *up* est alors intensif. (Dial. V, 7.) — Ce verbe aussi est régulier souvent et les grammairiens voudraient qu'on employât toujours la forme régulière; mais l'usage tient encore à la forme irrégulière. Un grand nombre de verbes qui étaient autrefois irréguliers sont déjà ou commencent à devenir réguliers en tout ou en partie. Pour ne citer que quelques exemples entre plusieurs: *To shape*, façonner, faisait autrefois *shope*; maintenant il est régulier au prétérit et le plus souvent au participe également. Il en est de même de *to snow*, neiger, et de *to help*, aider, dont les prétérits étaient *snew* et *holp*; le dernier de ces verbes est tout-à-fait régulier maintenant.

Nous avons fait remarquer, dans nos tableaux de la classification des verbes irréguliers, le double prétérit de quelques verbes; ajoutons qu'il y en avait autrefois beaucoup plus et que quelques verbes avaient jusqu'à trois formes au prétérit: *to chide*, gronder, prétérit *chid, chode*, le dernier a disparu; *to lead*, conduire avait *led, lad* et *lode*; *to write* avait *wrote, writ* et *wrate*; *to give* avait *gave* et *gove*, etc.; de ces formes il n'est resté que la première: *led, wrote, gave*.

DIALOGUE XXXI.

1. Why did your friend *weep* so bitterly?	Pourquoi votre ami pleurait-il si amèrement ?
2. He *wept* for his brother *slain* in battle.	Il pleurait son frère, tué sur le champ de bataille.
3. Who *slew* him ?	Qui l'a tué ?
4. A horseman *smote* him with his sword and then *fled*.	Un cavalier lui asséna un coup d'épée et alors s'enfuit.
5. The soldier *slays* the man who *smites* him but never *flees*.	Le soldat tue ceux qui le frappent, mais ne fuit jamais.
6. His brother *fought* and *fell* like a hero.	Son frère combattit et tomba en héros.
7. I trust I shall never have to *fight* nor *shed* the blood of a fellow-creature.	J'espère que je n'aurai jamais à combattre ni à répandre le sang d'un de mes semblables.

To weep, wept, wept, pleurer.	*To flee, fled, fled,* fuir, s'échapper.
To slay, slew, slain, tuer.	*To fight, fought, fought,* combattre.
To smite, smote, smitten, frapper.	*To shed, shed, shed,* répandre.

---

2. *To slay,* ôter la vie par violence et avec une arme ; il se dit ordinairement pour *tuer sur le champ de bataille.* Il commence à vieillir, et dans le langage usuel on emploie *to kill,* qui ne le vaut pas.

4. *To smite* a vieilli aussi et appartient au style biblique.

Fled, to flee, fuir ; *to fly,* voler. Ces deux verbes avaient primitivement le même sens ; *to fly* s'emploie encore quelquefois dans le sens de *to flee.*

Horse-man, de *horse,* cheval, *man,* homme, comme *foot-soldier,* soldat à pied, fantassin.

To shed. Ce verbe appliqué aux personnes ne s'emploie guère que dans les expressions : *to shed blood,* répandre le sang ; *to shed tears,* verser des larmes. Appliqué aux animaux et aux plantes, il indique le changement périodique d'une enveloppe naturelle : *the serpent sheds its skin;* le serpent change de peau ; *the trees shed their leaves,* les arbres laissent tomber leurs feuilles. Ne confondez pas *to shed* avec le verbe *to spill,* répandre par accident.

LISTE ALPHABÉTIQUE

DES VERBES IRRÉGULIERS.

DIALOG.	INFINITIF.	PRÉTÉRIT.	PART. PASSÉ.		CLASSE.	
XXIII.	To Abide.	Abode.	Abode.	*Demeurer.*	B.	III.
VIII.	— Awake.	Awoke.	Awaked.	*S'éveiller, se réveiller.*	C.	III.
I.	— Be.	Was.	Been.	*Être.*	C.	III.
II.	— Bear.	Bore.	Borne, *born.*	*Porter.*	C.	II.
XV.	— Beat.	Beat.	Beat, *beaten.*	*Battre.*	A.	
XXV.	— Begin.	Began.	Begun.	*Commencer.*	C.	I.
XV.	— Bend.	Bent.	Bent.	*Courber, plier.*	B.	I.
VII.	— Bereave.	Bereft.	Bereft.	*Priver.*	B.	II.
XXVIII	— Beseech.	Besought.	Besought.	*Supplier.*	B.	II.
XXX.	— Bid.	Bade.	Bidden.	*Ordonner.*	C.	I.
XXVII.	— Bind.	Bound.	Bound.	*Lier, relier.*	B.	I.
XI.	— Bite.	Bit.	Bit, *bitten.*	*Mordre.*	C.	I.
III.	— Bleed.	Bled.	Bled.	*Saigner.*	B.	I.
XV.	— Blow.	Blew.	Blown.	*Souffler.*	C.	I.
II.	— Break.	Broke.	Broken.	*Casser, rompre.*	C.	II.
XXV.	— Breed.	Bred.	Bred.	*Élever, engendrer.*	B.	I.
XXII.	— Bring.	Brought.	Brought.	*Apporter.*	B.	II.
VII.	— Build.	Built.	Built.	*Bâtir.*	B.	I.
XX.	— Burn.	Burnt.	Burnt.	*Brûler.*	B.	II.
XXIII.	— Burst.	Burst.	Burst.	*Éclater, crever.*	A.	
XIV.	— Buy.	Bought.	Bought.	*Acheter.*	B.	II.
XVI.	— Cast.	Cast.	Cast.	*Jeter.*	A.	-
XXIV.	— Catch.	Caught.	Caught.	*Attraper.*	B.	II.
XXVIII	— Chide.	Chid.	Chidden.	*Gronder.*	C.	I.
XIV.	— Choose.	Chose.	Chosen.	*Choisir.*	C.	II.
XVII.	— Cleave.	Cleft.	Cleft.	*Fendre.* [*ponner.*	B.	II.
XV.	— Cling.	Clung.	Clung.	*S'attacher, se cram-*	B.	III.
XXIV.	— Clothe.	Clad.	Clad.	*Vêtir, s'habiller.*	B.	II.
III.	— Come.	Came.	Come.	*Venir.*	C.	III.
XXIX.	— Cost.	Cost.	Cost.	*Coûter.*	A.	
XII.	— Creep.	Crept.	Crept.	*Ramper.*	B.	II.
VIII.	— Crow.	Crew.	Crowed.	*Chanter (comme le coq)*	C.	I.
XXII.	— Cut.	Cut.	Cut.	*Couper.*	A.	
III.	— Dare.	Durst.	Dared.	*Oser.*	C.	III.
XIII.	— Deal.	Dealt.	Dealt.	*Trafiquer.*	B.	II.
XXV.	— Dig.	Dug.	Dug.	*Bêcher, fouiller.*	B.	III.
XXIV.	— Do.	Did.	Done.	*Faire, agir.*	C.	III.
IX.	— Draw.	Drew.	Drawn.	*Tirer, dessiner.*	C.	I.
XXII.	— Drink.	Drank.	Drunk.	*Boire.*	B.	III.
IX.	— Drive.	Drove.	Driven.	*Chasser, conduire.*	C.	I.

DIALOG.	INFINITIF.	PRÉTÉRIT.	PART. PASSÉ.		CLASSE.	
XXX.	To Dwell.	Dwelt.	Dwelt.	*Demeurer.*	B.	II.
XXII.	— Eat.	Ate.	Eaten.	*Manger.*	C.	I.
II.	— Fall.	Fell.	Fallen.	*Tomber.*	C.	I.
VII.	— Feed.	Fed.	Fed.	*Nourrir.*	B..	I.
XVIII.	— Feel.	Felt.	Felt.	*Sentir, toucher.*	B.	II.
XXXI.	— Fight.	Fought.	Fought.	*Combattre.*	B.	I.
VIII.	— Find.	Found.	Found.	*Trouver.*	B.	I.
XXXI.	— Flee.	Fled.	Fled.	*Fuir.*	B.	II.
XXII.	— Fling.	Flung.	Flung.	*Lancer.*	B.	III.
VI.	— Fly.	Flew.	Flown.	*Voler.*	B.	III.
VII.	— Forsake.	Forsook.	Forsaken.	*Abandonner.*	C.	I.
II.	— Freeze.	Froze.	Frozen.	*Geler.*	C.	II.
IV.	— Get.	Got.	Got.	*Gagner.*	B.	I.
XXVII.	— Gild.	Gilt.	Gilt.	*Dorer.*	B.	I.
XXI.	— Gird.	Girt.	Girt.	*Ceindre.*	B.	I.
XVIII.	— Give.	Gave.	Given.	*Donner.*	C.	I.
I.	— Go.	Went.	Gone.	*Aller.*	C.	III.
XIV.	— Grave.	Graved.	Graven.	*Graver.*	C.	II.
XXV.	— Grind.	Ground.	Ground.	*Moudre.*	B.	I.
XXIX.	— Grow.	Grew.	Grown.	*Croître.*	C.	I.
	— Have.	Had.	Had.	*Avoir.*	B.	II.
XXI.	— Hang.	Hung.	Hung.	*Suspendre.*	B.	III.
VI.	— Hear.	Heard.	Heard.	*Entendre.*	B.	II.
XVI.	— Heave.	Hove.	Hoven.	*Soulever.*	C.	II.
XVII.	— Hew.	Hewed.	Hewn.	*Hacher, tailler.*	C.	I.
XXIV.	— Hide.	Hid.	Hidden.	*Cacher.*	B.	II.
XVIII.	— Hit.	Hit.	Hit.	*Frapper, atteindre.*	A.	
X.	— Hold.	Held.	Held.	*Tenir.*	B.	I.
XXIII.	— Hurt.	Hurt.	Hurt.	*Blesser.*	A.	
XX.	— Keep.	Kept.	Kept.	*Garder.*	B.	II.
XVIII.	— Kneel.	Knelt.	Knelt.	*S'agenouiller.*	B.	II.
XXVI.	— Knit.	Knit.	Knit.	*Tricoter.*	A.	
VIII.	— Know.	Knew.	Known.	*Savoir.*	C.	I.
XV.	— Lade.	Laded.	Laden.	*Charger.*	C.	I.
X.	— Lay.	Laid.	Laid.	*Poser.*	B.	II.
IX.	— Lead.	Led.	Led.	*Mener.*	B.	I.
XXIV.	— Leap.	Leapt.	Leapt.	*Sauter.*	B.	II.
XXII.	— Leave.	Left.	Left.	*Laisser.*	B.	II.
XXVIII	— Lend.	Lent.	Lent.	*Prêter.*	B.	I.
	— Let.	Let.	Let.	*Laisser, permettre.*	A.	
XII.	— Lie.	Lay.	Lain.	*Déposer.*	C.	III.
XXX.	— Light.	Lit.	Lit.	*Allumer.*	B.	I.
XVIII.	— Lose.	Lost.	Lost.	*Perdre.*	B.	II.
V.	— Make.	Made.	Made.	*Faire.* [*tention.*	B.	III.
XXV.	— Mean.	Meant.	Meant.	*Vouloir dire, avoir l'in-*	B.	II.
XXIX.	— Meet.	Met.	Met.	*Rencontrer.*	B.	I.
V.	— Mow.	Mowed.	Mown.	*Faucher.*	C.	I.

DIALOG.	INFINITIF.	PRÉTÉRIT.	PART. PASSÉ.		CLASSE.	
XIII.	To Pay.	Paid.	Paid.	*Payer.*	B.	II.
X.	— Put.	Put.	Put.	*Mettre.*	A.	
XXIX.	— Read.	Read.	Read.	*Lire.*	A.	
XVI.	— Rend.	Rent.	Rent.	*Fendre, déchirer.*	B.	I.
XI	— Rid.	Rid.	Rid.	*Débarrasser.*	A.	
IV.	— Ride.	Rode.	Ridden.	*Aller à cheval.*	C.	I.
XXX.	— Ring.	Rang, *rung*.	Rung.	*Sonner.*	B.	III.
IV.	— Rise.	Rose.	Risen.	*Se lever.*	C.	I.
XVII.	— Rive.	Rived.	Riven.	*Fendre.*	C.	I.
XXI.	— Run.	Ran, *run*.	Run.	*Courir.*	B.	III.
XVII.	— Saw.	Sawed.	Sawn.	*Scier.*	C.	I.
IV.	— Say.	Said.	Said.	*Dire.*	B.	II.
VI.	— See.	Saw.	Seen.	*Voir.*	C.	I.
VIII.	— Seek.	Sought.	Sought.	*Chercher.*	B.	II.
XIII.	— Sell.	Sold.	Sold.	*Vendre.*	B.	II.
XXVII.	— Send.	Sent.	Sent.	*Envoyer.*	B.	I.
V.	— Set.	Set.	Set.	*Poser, mettre.*	A.	
X.	— Shake.	Shook.	Shaken.	*Secouer.*	C.	I.
XXVI.	— Shear.	Shore.	Shorn.	*Tondre.*	C.	II.
XXXI.	— Shed.	Shed.	Shed.	*Verser.*	A.	
V.	— Shine.	Shone.	Shone.	*Briller.*	B.	III.
IV.	— Shoe.	Shod.	Shod.	*Ferrer.*	B.	II.
XXIII.	— Shoot.	Shot.	Shot.	*Tirer, décocher.*	B.	I.
XIV.	— Show.	Showed.	Shown.	*Montrer.*	C.	I.
XVI.	— Shred.	Shred.	Shred.	*Hacher, couper.*	A.	
XXI.	— Shrink.	Shrunk, *shrank*	Shrunk.	*Se rétrécir.*	B.	III.
XX.	— Shut.	Shut.	Shut.	*Fermer.*	A.	
VI.	— Sing.	Sang.	Sung.	*Chanter.*	B.	III.
XV.	— Sink.	Sank.	Sunk.	*Couler, s'enfoncer.*	B.	III.
XVIII.	— Sit.	Sat, *sate*.	Sat, *sitten*.	*Être assis.*	A.	
XXXI.	— Slay.	Slew.	Slain.	*Tuer.*	C.	I.
VIII.	— Sleep.	Slept.	Slept.	*Dormir.*	B.	II.
II.	— Slide.	Slid.	Slidden.	*Se glisser.*	C.	II.
XVIII.	— Sling.	Slung.	Slung.	*Fronder.*	B.	III.
XXIV.	— Slink.	Slunk, *slank*.	Slunk.	*Se dérober.*	B.	III.
XVI.	— Slit.	Slit.	Slit.	*Fendre.*	A.	
XXIV.	— Smell.	Smelt.	Smelt.	*Sentir, flairer.*	B.	II.
XXXI.	— Smite.	Smote.	Smitten.	*Frapper.*	C.	I.
II.	— Snow.	Snowed.	Snown.	*Neiger.*	C.	I.
VI.	— Sow.	Sowed.	Sown.	*Semer.*	C.	I.
XII.	— Speak.	Spoke.	Spoken.	*Parler.*	C.	II.
XXI.	— Speed.	Sped.	Sped.	*Se dépêcher.*	B.	I.
XIV.	— Spell.	Spelt.	Spelt.	*Orthographier.*	B.	II.
XIII.	— Spend.	Spent.	Spent.	*Dépenser.*	B.	I.
XXVII.	— Spill.	Spilt.	Spilt.	*Verser.*	B.	II.
XXVI.	— Spin.	Span, *spun*.	Spun.	*Filer.*	B.	III.
XX.	— Spit.	Spit, *spat*.	Spit.	*Cracher.*	A.	

DIALOG.	INFINITIF.	PRÉTÉRIT.	PART. PASSÉ.		CLASS
XV.	To Split.	Split.	Split.	*Fendre.*	A.
V.	— Spread.	Spread.	Spread.	*Étendre.*	A.
XX.	— Spring.	Sprang, *sprung*	Sprung.	*S'élancer.*	B.
XXIV.	— Stand.	Stood.	Stood.	*Se tenir debout.*	B.
XXVI.	— Stay.	Staid.	Staid.	*Rester.*	B.
XXVII.	— Steal.	Stole.	Stolen.	*Voler, dérober.*	C.
XII.	— Sting.	Stung.	Stung.	*Piquer.*	B.
XXIII.	— Stride.	Strode.	Stridden.	*Enjamber.*	C.
IX.	— Strike.	Struck.	Struck.	*Frapper.*	B.
XXIX.	— String.	Strung.	Strung.	*Enfiler.*	B.
XXVIII	— Strive.	Strove.	Striven.	*S'efforcer.*	C.
XXIII.	— Swear.	Swore.	Sworn.	*Jurer.*	C.
XIX.	— Sweat.	Sweat.	Sweat.	*Suer.*	A.
XXX.	— Sweep.	Swept.	Swept.	*Balayer.*	B.
XV.	— Swell.	Swelled.	Swollen.	*Enfler.*	C.
XXX.	— Swim.	Swam, *swum*.	Swum.	*Nager.*	B.
XVIII.	— Swing.	Swung.	Swung.	*Se balancer.*	B.
XXX.	— Take.	Took.	Taken.	*Prendre.*	C.
VII.	— Teach.	Taught.	Taught.	*Enseigner.*	B.
XVIII.	— Tear.	Tore.	Torn.	*Déchirer.*	C.
IV.	— Tell.	Told.	Told.	*Dire.*	B.
XVIII.	— Think.	Thought.	Thought.	*Penser.*	B.
XXVIII.	— Thrive.	Throve.	Thriven.	*Prospérer.*	C.
XVI.	— Throw.	Threw.	Thrown.	*Jeter.*	C.
X.	— Thrust.	Thrust.	Thrust.	*Pousser.*	A.
XI.	— Tread.	Trod.	Trod.	*Fouler.*	C.
XXI.	— Wear.	Wore.	Worn.	*Porter, user.*	C.
XXVI.	— Weave.	Wove.	Woven.	*Tisser.*	C.
XXXI.	— Weep.	Wept.	Wept.	*Pleurer.*	B.
XXIX.	— Win.	Won.	Won.	*Gagner.*	B.
XIII.	— Wind.	Wound.	Wound.	*Tourner, virer.*	B.
XVII.	— Work.	Wrought.	Wrought.	*Travailler.*	B.
XX.	— Wring.	Wrung.	Wrung.	*Tordre.*	B.
XXVIII	— Write.	Wrote.	Written.	*Écrire.*	C.
XI.	— Writhe.	Writhed.	Writhen.	*Se tordre.*	C.

Bordeaux. — Imp. de J. Delmas, rue Ste-Catherine, 13

LIVRES DE FONDS

DE LA LIBRAIRIE DE P. CHAUMAS.

GUIDE DU CONSOMMATEUR DE BONS VINS, ou Essai sur les produits vinicoles du département de la Gironde, considérés au point de vue hygiénique et commercial, par J. Ferrier, médecin à Pauillac; in-8° (1857). 2 50

TRAITÉ SUR LES VINS DU MÉDOC ET LES AUTRES VINS ROUGES ET BLANCS DU DÉPARTEMENT DE LA GIRONDE, par W. Franck, 5° édition, revue, augmentée, et accompagnée de 20 vues de châteaux des principaux domaines de la Gironde, d'une carte du département de la Gironde, dressée en 1855, 1 vol. in-8°. . . . . 6 »

NOTIONS ÉLÉMENTAIRES D'AGRICULTURE, rédigées sur le plan adopté par le Conseil académique de Bordeaux, par Chevalier, inspecteur primaire de l'arrondissement de Nontron; in-12 (1857). . . 1 50

LE VIOGRAPHE BORDELAIS, ou Revue historique des monuments de Bordeaux tant anciens que modernes, et des rues, places et autres voies publiques de cette ville qui rappellent des événements mémorables, singuliers et peu connus relatifs à l'histoire et aux traditions locales, avec figures et le plan de la ville, par Bernadau, 1 vol. in-8°. . . . . 5 »

PORTEFEUILLE DE LOUIS, description générale du Grand-Théâtre, 1 vol. in-8°, orné de 11 planches. . . . . 8 »

STATISTIQUE DU DÉPARTEMENT DE LA GIRONDE, par Jouannet, avec la carte du département. 3 vol. in-4° . . . . 24 »

SUPPLÉMENT A LA STATISTIQUE DU DÉPARTEMENT DE LA GIRONDE. — 1847 — 1 vol. in-4°, avec figures 7 50

GUIDE DE L'ÉTRANGER A BORDEAUX (5° édition), 1 vol. in-18, avec figures et plan de la ville (1856). . . . . 2 »

ANTIQUITÉS DE BORDEAUX, par Bernadau (Bordeaux, 1797) in-8°. . . . 5 »

ÉTUDES SUR LES LANDES, par le baron d'Haussez, 1 vol. in-8°. . . . 5 »

GRAMMAIRE (nouvelle) DE LA LANGUE ESPAGNOLE, à l'usage des Français, etc., 4° édition, 1856 (ouvrage autorisé par le Conseil de l'Instruction publique), 1 vol. in-8°. . . . . 4 »

COURS DE THÈMES FRANÇAIS-ESPAGNOLS (autorisé par le Conseil de l'Instruction publique), par Borraz, 1 vol. in-8°. . . . . 5 »

COURS D'EXERCICES DE GRAMMAIRE LATINE SUR LA GRAMMAIRE LATINE DE LHOMOND, par Mostolat, 2° édition, in-12 (1856) 2 25

LES MÊMES EXERCICES, corrigés par Mostolat, 1857, 1 vol. in-12. . . 3 »

GUIDE (nouveau) DE LA CONVERSATION ESPAGNOLE ET FRANÇAISE, in-18 1 »

MANUEL DES POIDS ET MESURES pour le département de la Gironde, par M. Gras, archiviste du département, 1 vol. in-8. . . . . . 2 50

MÉDECIN (le) DE MER, par Moulinié, 1 vol. in-8°. . . . . 3 »

RECHERCHES SUR L'ALIMENTATION DES BESTIAUX, et spécialement des vaches laitières, traduit de l'anglais, 1 vol. in-8°. 1 50

GRANDS VINS DE BORDEAUX (les), poëme par Biarnès, in-8°, figures.. 6 »

QUESTIONS SUR LA DOT, par Tessier, in-8°. . . . . 5 »

GUIDE PRATIQUE D'AGRICULTURE DES PROPRIÉTAIRES, DES FERMIERS, par Maurial, élève de Grignon, in-12. . . . . 1 50

TRAITÉ THÉORIQUE ET PRATIQUE de l'action rédhibitoire dans le commerce des animaux domestiques, par Oscar Déjean, juge-de-paix: grand in-18. . . . . 5 »

Bordeaux, imp. de J. Delmas, rue Ste-Catherine 132.